흔한 직장인,
마이너스 통장으로 시작하는
부동산 투자

흔한 직장인, 마이너스 통장으로 시작하는 부동산 투자

초판 1쇄 발행   2019년 9월 19일
초판 4쇄 발행   2020년 2월 5일

지은이   투자캐스터
펴낸이   이종문(李從聞)
펴낸곳   (주)국일증권경제연구소

등록   제406-2005-000029호
주소   경기도 파주시 광인사길 121 파주출판문화정보산업단지(문발동)
        서울시 중구 장충단로 8가길 2(장충동 1가, 2층)
영업부   Tel 031)955-6050 | Fax 031)955-6051
편집부   Tel 031)955-6070 | Fax 031)955-6071

평생전화번호   0502-237-9101~3

홈페이지   www.ekugil.com
블로그   blog.naver.com/kugilmedia
페이스북   www.facebook.com/kugillife
이메일   kugil@ekugil.com

* 값은 표지 뒷면에 표기되어 있습니다.
* 잘못된 책은 구입하신 서점에서 바꿔드립니다.

ISBN 978-89-5782-129-9(13320)

Only 지방 아파트 투자로 9년 만에 27억 벌기

흔한 직장인, 마이너스 통장 으로 시작하는 부동산 투자

투자캐스터 지음

국일 증권경제연구소

무일푼에서 27억을 달성하기까지

부모님의 도움이 없다면 대부분의 사람이 그렇듯 무일푼으로 시작한다. 그리고 근로소득으로 생활한다. 하지만 앞으로 어떤 삶을 계획하느냐에 따라 근로소득부터 달라지기 시작한다. 같은 금액이지만 다른 가치를 지니기 때문이다.

돈을 돈으로 볼 때 소비하게 된다. 하지만 돈을 미래 가치까지 대입해서 본다면 다르게 쓰게 된다. 빠르게 투자로 이어질 수 있게 되는 것이다.

　나는 입사 1년 차부터 투자하기 시작했다. 그 시작점은 다들 그렇듯 1채였다. 우리는 동료를 볼 때 비슷해 보이는 경우 동질감을 느낀다. 하지만 비슷해 보였던 동료가 어느 순간 큰 차이점을 나타내기 시작할 때 위기감과 조급함을 느끼게 마련이다. 1~2채를 보유할 때까지 '부동산 투자하는구나'라는 주변의 인식이 10채가 넘어서자 '부동산 투자에 관한 질문'으로 바뀌기 시작했다.

　지금은 9년 전보다 훨씬 더 빠르게 분석하고, 더 빠르게 투자하고 있다. 부동산 투자 방법에 관해 이야기하면 반응은 두 종류로 나뉜다. 행동하는 사람과 행동하지 않는 사람.

　지금도 주변 사람들이 언제나 물어본다. 집이 몇 채냐고. 대답하면 '와~' 하고 끝이다. 행동하지 않는다.

　하지만 그들은 벌써 많은 준비가 되어 있다. 청약통장을 10년 이상 유지하고 있고 맞벌이 부부로 근로소득 역시 풍족하다.

충분한 준비가 되어 있음에도 그들은 행동하지 않는다. 청약통장은 계속 보유만 하고 있고 그러다 보니 청약 외에는 관심이 없다. 이제껏 청약통장을 소유했던 기간이 긴 만큼 무주택자 지위를 유지하고 싶어 한다. 청약통장을 지키지 못하는 것을 아깝다고 느끼기 때문이다. 그러니 이러지도 저러지도 못한다. 결국 근로소득만 바라보는 순한 양이 되어버린다.

"1채면 충분하지 않나? 여러 채 가지고 있으면 골치 아플 것 같은데?"

경험하지 못한 그들은 부동산 투자 세계는 여러 채가 쌓일수록 매입에 가속도가 붙고 보유 스트레스는 현저히 적어짐을 알지 못한다. 경험하지 못한 세계를 자신만의 생각으로 채우는 것이다. 그리고 자신과 비슷한 수준에 있을 때 노력하지만 이제 더는 같지 않다고 느낄 때 포기하기 시작한다.

약 9년 전 함께 입사하고 직장 생활을 시작했던 그들은 여전히 그 자리에 있다. 나는 그들을 보며 더욱 위기감을 느낀다. 움직이지 않으면 정체된다.

첫 투자는 어렵다. 하지만 투자를 이어갈수록 그 투자 속도는 빨라진다. 관성 작용 때문이다. 시작점에서 움직이기가 힘들지 움직이고 난 후 더 적은 힘으로 속도를 낼 수 있다. 그렇게 더 적은 힘으로 더 빠른 속도를 내게 된다. 선순환 구조가 만들어진다.

우리는 내재 잠재력을 끌어올릴 필요가 있다. 잠재력을 자극해 움직이게 해야 한다. 이를 통해 자신의 능력은 극대화된다. 사람의 능력은 종이 한 장 차이다. 하지만 한 장씩 계속 쌓이면 종이 뭉치가 된다. 백과사전과 종이 한 장을 비교해보라. 같은 얇은 종이라도 쌓이면 육안상으로도 큰 차이를 보인다. 처음 내딛는 한걸음이 그 시작점이 된다. 그렇게 시작하는 것이다.

나는 10억을 목표로 세우고 3년 4개월 만에 달성했다. 그리고 9년 만에 자산을 27억으로 늘렸다. 사람들은 내게 물어본다.

부모님의 지원이 없었느냐고. 단연 없었다. 다만 직장인으로 생긴 신용으로 마이너스 통장을 만들고 신용대출과 부동산 담보대출을 충실히 활용했다.

투자하려면 종잣돈이 필요하다. 하지만 나는 종잣돈을 모으지 않은 상태에서 대출을 이용해 투자하는 방법을 택했다. 최대한 빠르게 부자가 되고 싶었으니까. 그러기 위해서 최대한 신용을 활용해야 했다. 내가 다니는 회사에서는 오지 근무를 하면 생활 안정 자금 대출을 신청할 수 있었다. 나는 이 대출까지 활용해 투자했다. 그러니 앞서 말했던 신용대출과 담보대출 그리고 생활 안정 자금 대출까지 이용할 수 있었다.

돈이 없으니 끊임없이 움직여야 했다. 컨베이어 벨트에 오른 경주마처럼, 낭떠러지에서 떨어지지 않기 위해 필사적으로 달리는 들개처럼.

강원도 소형 아파트 투자를 시작으로 분양권, 역발상 투자, 땅, 오피스텔 등의 투자 저변을 넓힐 수 있었다. 특히 2014년 5

월부터 2015년 5월까지 소형 아파트를 10채를 매입했다. 그렇게 과감한 투자를 할 수 있었던 것은 충실히 경험을 쌓아왔기 때문이다. 부동산 투자에 대한 경험, 그 가치를 볼 수 있는 눈을 기르기 위해 노력한 결과였다.

흔히들 눈앞에 기회가 왔을 때 그 기회를 잡아야 한다고 말한다. 하지만 바로 앞에 기회가 왔음에도 기회를 알아보지 못한다면 행동할 수 없다. 그 기회를 확인할 수 있을 때 행동할 수 있다. 나는 그 기회를 발견했고 투자했다. 그래서 투자 8년간 30채를 매입할 수 있었다.

1년에 10채 샀던 아파트는 과거 매매가 대비 2배가 올랐고 순 투자금 대비 10배가 올랐다. 그렇게 2014년 해외 주재원 근무 중 세웠던 1차 목표 10억을 정확히 3년 4개월 만에 달성했다. 처음 세웠던 계획보다 2년 조기 달성한 것이다. 그리고 역발상 투자를 중점으로 지방 소형 아파트를 매입하여 투자를 시작한 지 9년 만에 27억의 자산을 이뤄냈다.

사람들은 내가 빠르게 달성한 것을 보고 쉽게 달성한 거 아니냐고 이야기한다.

그들은 지금의 결과가 있기까지 내 과거의 시간은 알지 못한다. 종잣돈을 극대로 모으기 위해 소비 절벽을 만들어야 했던 그때 "형, 왜 고생을 사서 해요? 그냥 즐기세요."라며 이해 못하는 분위기에서 그 길을 가야만 했다. 수없이 그냥 즐기며 살자는 내적 갈등에도 한 달에 3만 원도 쓰지 않는 소비 제로 생활을 유지해야만 했다.

내려간 집값을 보고 특정 지역에 20여 채 벼랑 끝 투자했던 그때 그렇게 투자하면 망한다는 주위의 만류를 극복해야 했다. 수많은 시간 동안 더 떨어지는 건 아닌지 그 걱정과 불안 속에서 일어나지 않는 최악의 상황까지 염두에 두어야 했다. 돈이 충분하지 않았으니까.

천 권 독서를 도전하던 2014년부터 2016년까지 3년 동안 그렇게 고생하며 읽은 책 내용이 기억에 남지 않는다는 것을 느낄 때 하루에도 수십 번씩 책을 집어 던지고 싶었던 때가 있었다.

자신이 가는 길을 주변 사람들이 이해하지 못하는 그런 하루하루가 이어지는 순간 포기하지 않을 자신이 있을까? 다른 사람이 가지 않는 길을 갈 때 고독감과 외로움이 따른다. 그 길을 해외 주재원으로 근무하는 동안 묵묵히 걸어왔다. 포기하고 싶었던 매 순간들을 그들은 알지 못한다.

내가 그때 느꼈던 고독감은 하루하루 쌓여 굳은살로 변해 있다. 웬만한 고독감에도 이를 느끼지 못한다. 그리고 깨달은 것이 있다.

'사람들이 가는 길에 돈 벌 확률보다 가지 않는 길에 돈 벌 확률이 몇 배 이상 높다'는 것을.

나는 그렇게 쉽지 않은 길을 묵묵히 걸어온 덕에 지금은 경제적 자유를 마음껏 누리고 있다. 나의 부동산 투자 노하우를 담은 이 책이 독자 여러분이 경제적 자유를 누리는 데 도움이 되길 바란다.

Contents

1년차

워런 버핏의 2가지 투자 원칙

첫 번째, 원금을 잃지 말 것.

두 번째, 첫째 원칙을 절대 잊지 말 것.

김 과장님을 보며 의문을 품다

첫 발령지, 울진. 치열한 취업 경쟁을 뚫고 발령받은 곳이다. 경상북도와 강원도의 경계에 위치한 울진에서 그렇게 내 첫 직장 생활은 시작되었다. 하루하루가 정말 빠르게 지나갔다. 나를 비롯한 신입 사원들은 늘 긴장해 있었다. '어떤 것을 더 잘할 수 있을까?', '상사의 지시에 어떻게 더 좋은 결과물을 낼까?' 하며 끊임없이 고민하는 날들을 보냈다. 하루 이틀이 지나고 어느덧 직장 생활에 익숙해질 무렵 보이지 않던 것들이 보이기 시작했다. 같은 팀에 근무하며 몇 달 동안 이런저런 이야기를 하면서 친해지게 된 50대 과장님이 계셨는데, 20년 넘게 맞벌이로 근무하셨다고 했기에 얼마나 돈을 모아놓았는지 궁금했다. 선임 직원을 통해 내 미래 자산을 유추할 수 있을 것 같았다. 그래서 단둘이 하는 술자리를 우연한 기회로 삼아 재산을 얼마나 가지고 계시는지 어렵게 여쭤봤다.

"회사에서 사택도 지원되니 돈 좀 많이 모으셨지 않습니까?"
돌아오는 답은 내 예상을 빗나갔다.
"적금을 제외하면 남는 돈은 없어."

충격적이었다. 그 과장님뿐만 아니라 대부분 회사 선배들은 적금이 자산의 전부였다. 부동산 투자에는 전혀 관심을 두지 않았다. 투자의 중요성을 아는 이는 내 주변에 없는 듯했다. 회사에서 사택도 제공하고 복지도 나쁘지 않으니 마음만 먹으면 모을 수 있는 돈이 꽤 많을 거로 생각했다. 그리고 이를 투자하면 더 큰돈을 벌 수 있을 텐데 하며 의문에 빠졌다.

왜 그들은 투자하지 않을까 곰곰이 생각해봤다. 고민 끝에 해답을 찾을 수 있었다. 바로 회사 사택 지원 때문이었다. 회사에서 사택이 제공되므로 자연스레 부동산에 관심을 두지 않던 것이다.

　돌이켜 생각해보면 우리나라 부자 대부분은 부동산 투자로 지금의 부를 불렸다. 사택이 지원되면 부자로 향하는 길이 원천 차단된다. 사택을 지원받는 기간이 길어질수록 부동산에 관해 더욱 무지해진다. 그리고 결국 회사라는 틀에서 나올 때쯤 노후를 준비하지 않은 자신과 마주하게 된다. 인간의 기본권에 해당하는 거주부터 그렇다. 단기적으로 사택 지원은 큰 메리트로 보이지만, 장기적으로 볼 때 독이 든 성배와 같다.

　오지 근무를 하지 않는 대부분의 직장인에게는 사택을 주지 않는다. 따라서 그들은 자신의 돈으로 전세든 자가든 구해야만 한다. 전세를 구한다면 계약 만료 때쯤 증액되는 전세금으로 집값의 상승을 느끼고, 자가를 보유한다면 공인중개사 사무실 광고를 보고 집값이 오름을 체감하게 된다. 하지만 사택에 거주하면 말은 달라진다. 그 어떠한 것도 느낄 수 없다. 부동산은 나와 관계없는 이야기로 치부해버리는 것이다.

　이와 같은 결론이 나자 조급함이 들기 시작했다. 이제 막 시작하는 직장 생활에서 행동하지 않으면 20년 후에도 손에 쥔 것은 적금밖에 없을 것이고, 이에 만족할 수밖에 없는 삶이 기다리고 있다는 것을 깨달았다. 그래서 당장 지금부터라도 다르게 살아야겠다고 마음먹었다. 재테크 공부라고는 해본 적이 없지만 공부해야 하는 당위성을 찾은 것이다. 나에게 재테크 문제는 나의 미래 삶과 직결되어 있었다.

투자 시작점에 책을 읽다

하지만 누구 하나 투자는 이렇게 시작해야 하고, 어느 정도 자금이 필요하며, 어떻게 투자해야 하는지 가르쳐주는 사람은 없었다. 전적으로 스스로 고민해야 했고 스스로 선택해야 했다. 투자의 세계는 자신이 그 필요성을 느낄 때 비로소 배우게 된다.

직장 생활과 대학 생활은 완전히 다르다. 대학 생활은 뚜렷한 목적, 예를 들면 취업이 존재한다. 취업을 보조할 수 있는 기관이 대학교다. 대학교에서는 취업을 위해 많은 것을 지원해준다. 또한 대학교 내에는 같은 회사 취업을 목표로 하는 동료를 어렵지 않게 만나게 된다. 그렇게 서로 정보를 공유하며 취업 확률은 높아진다. 시너지 효과를 내게 되는 것이다.

나는 대학생 시절 이를 철저히 이용했다. 목표하는 기업을 대학교 2학년 때부터 고민했고 이를 달성하기 위해 무엇이 필요한지 분석했다. 학점, 토익 점수, 자격증 등 무엇이 필요하고 어떻게 공부해야 하는지 사전에 준비했다. 그 정보는 취업정보실에서 얻었다. 취업정보실에서는 실제 대학 선배들의 합격 스펙을 보관하고 있었다. 이 정보를 바탕으로 원하던 직장에 취업할 수 있었다.

하지만 직장 안에 부자가 될 수 있는 정보는 없다. 회사는 직원들이 부자가 되는 것을 목표로 하지 않는다. 오직 회사의 이윤 추구가 목적이다. 그렇게 회사 내의 모든 활동은 이윤 추구라는 목표에 집중된다. 스스로 깨우치지 못한 상태에서 그 상황에 휩쓸리게 되면 회사 생활을 하는 만큼, 정작 중요한 투자는 생각하지 않게 된다. 부자가 되고 싶은 직장인이라면 스스로 투자 정보를 찾는 노력을 기울여야 한다.

초보자로서 투자의 방향을 설정하기란 쉽지 않다. 어떤 정보가 도움이 되고 안 되는지 구별하지 못한다. 초보자는 그만큼 현명한 투자에 접근하기 어렵다. 내가 투자 공부를 시작했던 당시만 하더라도 요즘처럼 유튜브 채널을 통해 정보를 공유하지 않았다. 돈이 되는 정보는 쉽게 오픈되지 않던 시기였다. 투자를 위한 정보의 접근도가 떨어졌다.

또한 주변에 투자하거나 투자를 고려하는 사람을 만나는 것 자체가 쉽지 않았다. 이제 막 입사한 동료들은 투자보다 연애 혹은 취미에 더 관심이 많았다. 투자하는 사람이 있다고 하더라도 기껏해야 주식 투자가 전부였다. 주식 투자를 하더라도 가치 투자를 실현하는 것이 아니라 감에 의존해 투자하고 있을 뿐이었다.

그러다 보니 자연스레 투자 관련 책에 관심을 가지기 시작했다. 책을 읽으려고 하니 생각지도 못한 벽에 부딪혔다. 어떤 책이 좋은 책인지 고를 수가 없었다. 투자 방법도 다양하고 투자 관련 책도 너무나 많았다. 퇴근 후 짬 나는 시간은 많지 않았기에 짧은 시간에 최대한 효과를 낼 수 있는 책을 찾으려 노력해야만 했다.

나는 우선 책을 찾기 위한 시간 투자부터 시작했다. 네이버

블로그나 각 재테크 카페에 가입해 투자 선배들이 추천하는 책을 모았다. 아무래도 나보다 빨리 투자를 시작했던 그들이 추천하는 책인 만큼 신뢰할 수 있었다. 그렇게 여러 권의 책을 읽게 되었다. 취업 후 1년 동안 약 20권 정도의 책을 읽었다.

책으로 만난 세계는 너무나 새로웠다. 주변에서는 그렇게 찾기 어려웠던 투자자들을 책을 통해 만날 수 있었다. 책을 읽을수록 현명한 투자자들과 내 생각은 완전히 다르다는 사실을 알게 되었다. 생각이 다르니 행동이 달랐고 그 행동이 다른 결과를 불러오고 있다는 사실을 깨달았다.

처음부터 그들의 말을 전부 이해했던 것은 아니다. 예를 들어 '돈이 돈을 벌어주는 광경을 목격했다'라든가, '소득 시스템을 만들기 위해 노력했다'라는 등의 글을 읽을 때 정말 그게 가능한 일인지 반문한 적도 있었다. 그리고 과연 그들의 깨달음을 나도 얻을 수 있을지 회의적인 생각도 수없이 들기도 했다. 나는 보지 못한 것들을 그들은 보고 있다는 사실에 때론 절망스러울 때도 있었다. 하지만 포기할 수 없었다. 젊은 날에 투자하지 않은 것을 후회하던 직장 선배들의 모습이 나와 겹쳐졌기 때문이다.

그렇게 책 읽기를 계속하였다. 유익하다고 생각한 책은 읽고 또 읽었다. 그렇게 읽은 책이 늘어나자 투자는 옵션이 아니라 필수라는 사실을 확신하게 되었다. 아직은 시작조차 하지 않아 막연해 보였지만 투자 내공을 쌓아 그들처럼 성공하리라 다짐했다.

추천 도서를 미리 선정하고 그 책부터 읽은 나의 선택은 많은 시행착오를 덜어주었다. 특히 직장 생활에 할애되어 많지 않은 시간 속에서 최대의 효과를 낼 수 있었다. 초보자는 좋은 책과 그렇지 않은 책을 구별해내는 능력이 부족하기 마련이다. 선배 투자자의 추천 도서를 읽는 것만으로도 많은 도움을 받을 수 있다.

물론 수준 이하의 책에서도 몇 가지 배울 것이 있지만 좋은 책 안에는 그보다 몇 배 이상 배울 점이 많다. 좋은 책 10권 읽는 것을 그렇지 않은 책 30권 읽는 정도의 배수로 볼 수 있다면 어떨까? 좋은 책 10권을 읽는다면 나머지 20권은 읽을 필요가 없다. 단축된 시간만큼 더 많은 것을 할 수 있게 된다. 양서를 만나는 것은 이제 막 투자를 고려하는 투자자들에게 절대적으로 부족한 시간을 더 효율적으로 사용하게 해준다.

●TIP

저자 추천 도서

투자 타이밍

《돈, 뜨겁게 사랑하고 차갑게 다루어라》, 《투자는 심리게임이다》,

《불황에도 승리하는 사와카미 투자법》, 《경기의 흐름을 읽는 기술》

부동산 투자

《이제 돈 좀 벌어봅시다》, 《나는 15억 벌어서 35세에 은퇴했다》,

《33세 14억 젊은 부자의 투자 일기》, 《타워팰리스 입성기》,

《월세 혁명》

월급쟁이 현실 인식

《평생 월급 보장 프로젝트》, 《월급전쟁》, 《평생월급》,

《원숭이도 이해하는 자본론》

부자 마인드

《보도 섀퍼의 돈》, 《머니 트리 키우기》, 《부자들의 생각법》,

《이웃집 백만장자》

통장 쪼개기로 돈을 컨트롤하다

투자 책을 한두 권 읽게 되자 실제 투자하고 싶다는 생각이 점점 커지기 시작했다. 책에 담긴 성공 스토리처럼 나도 투자해서 성과를 내고 싶었다. 하지만 곧 현실적인 문제에 부딪혔다. 내겐 종잣돈이 없었다. 돈이 있어야 투자도 할 수 있는데 마음만 앞설 뿐 투자할 준비가 되어 있지 않았다. 종잣돈이 없다는 사실에 투자하고자 하는 마음도 빠르게 식어갔다. 자연스레 예전처럼 투자에 관심을 두지 않게 되었다. 하지만 또다시 투자 관련 책을 읽고 의욕에 넘치다가도 현실적인 벽에 부딪히고 좌절하는 악순환이 계속, 계속되었다.

투자한다고 하더라도 과연 성공적인 투자를 보장할 수 있을까? 라는 회의적인 시각에 돈이 없는 상황까지 맞물렸다. 그렇게 투자하지 못하는 또 다른 이유를 찾아낸 것이다. 문제의 원인을 외부에서 찾기, 그것은 언제나 자기 위안으로 작용한다.

이런저런 생각이 반복되자 이러다가 제자리만 맴돌겠다는 생각이 들었다. 결국 특단의 조치에 들어갔다.

'지금 바로 실행할 수 있는 것을 찾자!'

우연히 재테크 카페의 글을 읽던 중 이런 글을 읽게 되었다.

"직장 초년생이 돈을 제대로 모으려면 통장 쪼개기부터 해야 한다."

종잣돈이 확보되지 않아 투자하지 못하는 내 상황에, 이 글은 더 와 닿는 바가 컸다. 그리고 이게 무슨 얘기인지 디테일하게 들여다보기 시작했다.

내가 지금까지 저축액을 늘릴 수 없던 이유를 바로 찾을 수 있었다. 계획적인 소비를 하지 않았기 때문이다. 이제껏 신용카드로 소비만 했지 지출이 어떤 소비 항목에 포함되고 한 달에 얼마나 사용하는지 세부적으로 파악할 수 없었다. 모든 소비를 신용카드 하나로만 사용하다 보니 소비가 뭉쳐져 분리되지 않았던 것이다. 모든 문제의 해결은 정확한 상황 파악부터 시작해야 한다. 상황 파악을 해야 해결책을 찾을 수 있다. 체계적으로 자금을 관리하기 위해 통장 쪼개기부터 시작하기로 마음먹었다. 종잣돈이 없어 매번 실행하지 못했던 투자 시작점을 만들 수 있을 것 같았다.

●TIP

통장 쪼개기

무계획적인 소비는 과소비를 낳는다. 과소비는 저축할 수 없게 만든다. 이런 소비 습관을 획기적으로 개선하기 위해 미리 저축액을 설정해야 한다. 그리고 나머지 금액을 목적에 맞게끔 분할한다. 분할한 금액을 통장마다 이체하고 그 금액 내로 생활하는 게 통장 쪼개기의 핵심이다. 계획적인 소비 생활을 습관화하여 최대의 금액을 저축할 수 있게 만드는 것이다.

우선 6개의 통장이 필요했다. 소비 항목을 6개로 나눴기 때문이다. 지금까지 존재했던 2개의 통장에서 추가로 4개의 통장이 더 필요했다. 2011년 당시까지만 하더라도 체크카드의 혜택은 다양했다. 자격증 시험 비용 지출 시 할인을 해준다거나 영화 예매 할인을 해준다거나 하는 것 등이다. 각각의 체크카드를 혜택에 맞게끔 최적의 용도를 설정했다. 자기계발, 여행, 데이트, 생활비, 비상금, 투자 등.

우리는 보통 모르는 분야를 처음 접할 때 불안함과 설렘이 교차함을 느낀다. 내게 통장 쪼개기가 그랬다. 계획적인 소비로 더 많은 종잣돈을 확보할 수 있다는 설렘과 과연 지속할 수 있을까 하는 불안함이 작용했다.

지금에야 인터넷이나 핸드폰으로도 통장을 개설할 수 있지만, 그 당시까지만 하더라도 직접 지점을 방문해야 했다. 그래서 하루 휴가를 내고 몰아서 은행에 들렀다. 은행원과의 대화는

●TIP

통장 쪼개기 방법

1. 소비 항목을 분류하고 그 항목의 금액을 정한다.

2. 각각 소비 항목 개수만큼 통장을 만든다.

3. 각 항목에 정해 놓은 금액만큼 계좌이체를 한다.

4. 한 달 동안 사용한다.

썩 즐겁지 않았다. 금융 지식이 부족하다 보니 그들과의 대화에 위축된다는 느낌을 받았다. 통장 하나 개설하는 것이었지만 어떻게 이야기를 해야 하나? 란 생각과 생소한 금융 용어가 그렇게 느끼게 했다.

어쨌든 통장을 모두 개설했다. 일단 통장 수가 늘어나자 뿌듯한 느낌이 들었다. 재테크의 결과물이 드디어 생기게 된 것이다. 각 통장 잔액은 비록 0원이었지만 개설된 통장 수가 늘어나니 벌써 부자가 된 것 같았다. 실제로 은행 담당자분들이 직장 1년 차에 통장 쪼개기를 계획한다는 사실에 놀라워했다. 이에 개인적인 만족감은 더욱 커졌다. 그렇게 나의 새로운 소비 생활이 시작되었다. 전에는 소비할 때 신용카드 하나만 있으면 간단하게 해결되었는데 각각 다른 체크카드를 사용하니 처음엔 불편한 것이 한둘이 아니었다.

데드라인이 정해져 있지 않은 축구 경기가 재미있겠는가? 90분이란 한정된 시간이 설정되어 있기 때문에 그 시간 동안 치열하게 싸운다. 설정된 타임 리밋은 축구 경기를 더 흥미롭게 만든다. 신용카드 사용은 데드라인이 없는 축구 경기다. 소비에 긴장하지 않게 만든다. 반면에 체크카드 사용은 데드라인이 존재하는 축구 경기와 같다. 통장 내 잔고만큼 쓸 수 있는 금액은 한정된다. 이를 통해 소비 시 긴장하게 된다. 체크카드 사용은 정해진 금액 내에 생활하게 한다. 금액이 없으면 소비하지 못한다. 체크카드를 사용할수록 주어진 금액 내로 지출하는 습관이 자리 잡는다. 그리고 사용할 때마다 소비 금액과 잔액을 문자로 확인할 수 있다. 잔액이 줄어드는 것을 확인할 때 넉넉하지 못하다는 느낌과 소비에 대한 압박감을 받는다.

하지만 불편한 초기 시기가 지나자 놀라운 변화를 경험했다. 내가 소비를 통제하고 있다는 생각이 들었다. 통장 쪼개기를 하기 전까지는 어디서 얼마를 사용했는지 정확히 인지하지 못했다. 심지어 카드 명세서를 보더라도 기억이 나지 않는 경우도 있었다. 하지만 체크카드를 사용하면서 항목마다 주어진 금액 내에서 얼마를 사용했는지 정확히 인지하게 되었다.

신용카드를 주로 사용하던 당시에는 카드 명세서가 날라 올 때쯤 이번 달 사용 금액은 이 정도 될 것 같다는 예상을 하곤 했다. 하지만 생각과 다른 차액 금액만큼 자금 관리에 대한 자신감은 하락했다. 내가 사용하고 있음에도 내가 통제하지 못한다는 사실이 지출 관리를 더욱 위축시켰다. 하지만 통장 쪼개기를 통해 무계획적 소비 습관을 계획적인 소비 습관으로 바꿈으로써 자금 관리에 대한 자신감이 향상되었다. 내가 통제할 수 있다는 사실이 더욱 돈에 대한 자신감이 증가하는 선순환 구조로 바뀌게 된 것이다.

성공적인 투자를 위해서는 자금을 장악해야 한다. 돈에 끌려다니면 투자할 수 없다. 끌려다닌다는 것은 돈을 무계획적으로 사용하는 것이다. 돈을 장악하지 못한 상태에서 투자할 자신감은 사라진다. 나는 통장 쪼개기로 돈을 컨트롤하기 시작했고 그 생각으로 투자에 입문하는 시기를 더욱 당길 수 있었다. 비록 지금은 통장 쪼개기를 하지 않는다. 하지만 통장 쪼개기를 통해 만들어진 선 계획 후 소비 습관은 지금까지 유지하고 있다.

마이너스 통장을 만들다

투자 자금을 관리하기 시작하자 투자에 더욱 집중할 수 있게 되었다. 투자하려면 투자 자금이 필요하다. 그렇게 투자 자금의 필요성을 느끼던 중 마이너스 통장을 알게 되었다. 마이너스 통장은 사용한 금액만큼 이자가 발생한다. 돈을 안 쓰고 놔두면 이자는 0원이다.

분명 마이너스 통장은 이제껏 내가 알고 있던 일반적인 대출과 달랐다. 마이너스 통장을 활용하는 것이 너무나 매력적이란 사실을 깨달았다.

투자할 물건을 정하지 않은 상태에서 언제 시작할지 모를 투자를 고려해 일반 대출을 받는 것은 큰 메리트가 없다. 대출 즉시 이자가 발생하기 때문이다. 이자가 발생하면 투자를 빨리해야겠다는 압박감과 조급함을 느끼게 된다. 나는 조급한 마음으로 투자하고 싶지는 않았다. 그래서 더욱 마이너스 통장에 관심이 쏠렸다.

'그래 마이너스 통장부터 만들자. 그리고 추후 투자를 고려하자.'

그렇게 주거래 은행을 방문하여 마이너스 통장을 만들었다.

보통 은행에서는 신용대출 실행 시 대출금 규모에 제약을 둔다. 일반적으로 연봉의 1.5배만큼 대출금이 정해져 있다. 이때 근거로 쓰이는 것이 근로소득 원천징수 영수증이다. 줄임말로 원천 증빙이라 부른다. 하지만 나는 당시 1년 차 근무 중이라 원천 증빙이 존재하지 않았다(근무 만 1년쯤 지나야 자신의 연봉에 따른 원천 증빙이 생긴다).

하지만 직장 1년 차에도 신용대출을 받을 수 있다. 월급 명세서 3개월 치로 추정 연봉을 계산하기 때문이다. 이를 근거로 마이너스 통장 한도액이 정해진다. 공통으로 필요한 서류는 재직 증명서와 월급 명세서 3개월분이다.

4천만 원의 마이너스 통장의 잔액은 0원이었다. 하지만 쓸 수 있는 자금은 4천만 원이다. 갑자기 투자할 수 있는 목돈이 생기게 된 것이다. 이는 실제 내 돈이 아니었음에도 내 돈 같은 착각을 만들었다. 오로지 투자를 위해서만 쓰겠다고 다짐했다.
'한번 잘 활용해보자.'

많은 직장인이 마이너스 통장을 발급받는다. 저마다 마이너스 통장을 발급받는 목적은 다양하다. 대출금이 자신의 목돈처럼 느껴질 때도 있다. 하지만 절대로 간과해서는 안 된다. 대출은 갚아야 할 빚이다. 나는 이 빚을 무조건 투자할 때만 사용해야 한다고 생각한다. 마이너스 통장은 투자할 때 필요한 긴급 자금용이다.

혹시나 소비에 사용할 생각이라면 마이너스 통장을 발급받지 않는 것이 좋다. 대출을 이용해 산 상품은 사용 즉시 가치가 떨어진다. 그리고 사용한 만큼의 대출금을 갚아야 한다. 여기서 이중 손해가 발생한다. 사용 가치의 하락과 대출금 사용분에 대한 원리금이 그것이다.

다시 한번 강조하지만 빚은 소비에 활용하면 안 된다. 소비에 필요한 자금은 자신이 직접 모아서 마련해야 한다. 물건을 사기 위해 돈을 모으는 것은 시간이 걸린다. 그만큼 사려는 물품이 꼭 필요한지 확인할 시간을 벌 수 있다. 그 시차가 현명한 소비를 이끌게 된다.

이제 막 투자를 고려하는 지인들에게 항상 추천하는 말이 있다. 투자하기 전 자금 확보를 위해 마이너스 통장부터 만들라는 것이다. 직장인의 가장 핵심적인 무기가 신용이기 때문이다. 신용이 있어야지 신용대출을 받을 수 있는데 직장인은 그 신용을 가지고 있다. 그러니 이를 최대한 활용해야 한다. 신용은 돈이 많지 않은 직장인이 자신의 목표 자산을 당길 수 있는 핵심 무기다.

분명한 사실은 대출은 투자에 사용되어야 한다. 이 투자는 무리한 투자가 아닌 안전한 투자에 활용할 필요가 있다. 안전하다는 것은 대출 이자만큼 그 이상의 확정적인 수익을 내는 것을 말한다.

일반적으로 월세 투자는 세입자의 보증금과 월세를 계약서에 명시하게 된다. 계약 기간만큼 월세를 꾸준히 받을 수 있다는 말이다. 그러니 어떤가? 부동산 투자에 필요한 대출금의 이자 이상으로 월세를 받을 수 있다면 그 차액만큼 이익으로 잡힌다. 그러니 대출을 받아도 무리가 없다.

하지만 대출을 이용한 갭 투자는 다르다. 갭 투자의 이익은 집값 상승분이다. 부동산 가격이 상승해야 이익이 발생한다. 집 값은 자신이 좌지우지하지 못한다. 월세 수익률은 수익을 계산해서 투자하지만 갭 투자 수익은 수익이 날 것을 예상하고 투자해야 한다. 확정 수익과 미확정 수익의 차이는 상당히 크다. 따라서 갭 투자에 대출을 이용하는 것은 무리한 투자라고 볼 수 있다. 혹여 매매가 상승이 이어지지 않는다면 이자만큼 손해가 계속 발생한다. 이를 버틸 수 있으면 다행이지만 시간이 지속할 수록 부담스럽다. 따라서 대출을 이용한 투자는 반드시 확정 수익에 근거한 투자로 활용해야 한다.

투자 타이밍을 기다리다

　　통장 쪼개기로 자금을 관리하고 마이너스 통장으로 목돈이 생기자 투자해도 되겠다는 생각이 들기 시작했다. 처음부터 부동산 투자를 고려했던 것은 아니다. 하지만 책을 읽는 동안 대부분의 한국 부자들은 공통으로 부동산 투자로 자산을 불렸다는 사실을 확인할 수 있었다. 주식, 펀드와 같은 금융 투자는 자연스레 관심 분야에서 멀어졌다. 투자 방향을 정하자 부동산 투자에 더욱 집중하게 되었다.

많은 책에서 추천하듯 사는 집 주변 부동산부터 투자를 고려했다. 동네 아파트부터 검토하기 시작했다. 우리는 자신이 사는 지역을 누구보다 제일 잘 안다. 아무리 부동산 전문가라고 하더라도 투자하기 위해서는 그 지역을 분석해야 한다. 지역을 분석하려면 많은 시간과 노력을 들여야 한다. 시간과 노력이 더해져야 성공 투자의 확률을 높일 수 있다. 묻지마 투자로는 투자 승률을 높일 수 없다. 자신이 가진 자금은 한정적인 것만큼 가용 자금 내에서 이익을 극대화해야 한다.

자신이 사는 곳을 투자한다고 하면 어떨까? 한 지역만 보더라도 수많은 아파트가 존재한다. 경우의 수가 많을수록 어떤 아파트에 투자해야 할지 고민하게 된다. 하지만 어디가 살기 좋고, 교통이 편리하며, 주민들이 선호하는지는 거주민이 가장 잘 안다. 오랜 기간 살았기 때문이다. 이런 지식은 분석 시간을 절약하게 한다. 그리고 자신의 집 주변을 검토했던 투자 시각은 추후 다른 신규 투자처에 고스란히 반영할 수 있다.

나는 그런 의미에서 유리했다. 부모님의 직업적 특성상 이사를 자주 다녔다. 살았던 곳이 많았기에 부동산을 분석하기에 좋았다. 그렇게 하나둘 살았던 곳 위주로 부동산을 검토하기 시작했다. 그런데 검색하는 곳마다 매매 가격이 상당히 오른 것을 확인하였다.

그 당시 거주하던 창원은 2년 전보다 두 배 가까이 매매 가격이 올라 있었다. 고향인 부산과 초등학교 시절 거주했던 거제역시 마찬가지였다. 거가대교 개통으로 부산과 거제도 사이의 접근성이 용이해져 매매 가격이 이를 반영한 후였다. 불과 1년전보다 매매 가격이 오른 상태다 보니 매수할 엄두가 나지 않았다. 사고 싶은 물건을 찾았는데 얼마 전 마감한 세일 기간을 놓친 기분이었다. 이전보다 더 비싸게 사려고 하니 손해를 보는 듯한 느낌이 들었다. 또한 부동산의 가치를 보는 눈이 없던 터라 오른 가격이 적당한지 감을 잡을 수도 없었다.

'몇 년 더 일찍 입사했더라면 어땠을까?' 하는 아쉬움이 밀려왔다. 오르기 전 투자하지 못한 것이 너무나 안타까웠다. 그리고 생각했다.

'과연 앞으로 이런 기회가 다시 오기나 할까?'

2008년 서브프라임 사태가 터지고 전 세계적인 금융위기의 공포가 엄습했다. 자연스레 한국의 부동산 시장도 얼어붙기 시작했다. 이를 반영하듯 2009년에 '하우스 푸어'라는 신조어가 탄생했다. 수도권 부동산 시장은 연이은 하락세로 곤욕을 치르던 해였다.

수도권과 달리 지방의 부동산 시장은 그렇지 않았다. 2009년 초부터 지방 부동산 매매 가격은 서서히 오르기 시작해서 내가 취업했던 2010년, 2011년 그 당시 고공 행진을 하던 해였다. 지방과 수도권의 흐름이 다르다는 사실을 깨달았다. 그리고 지금은 안다. 부동산 시장은 돌고 돈다는 것을 말이다.

매매 가격은 오를 때가 있으면 내릴 때가 있다. 따라서 조급하게 생각할 필요가 없다. 지금 검색하고 있는 부동산 가격이 이미 올라 있다면 다른 지역을 찾으면 된다. 부동산 투자 타이밍은 2010년 서울과 지방의 가격 흐름이 다르듯 지역마다 차이가 있다. sin 곡선을 생각하면 된다. 호황기가 있으면 불황기가 있다. 그 불황기를 거치는 지역은 늘 존재한다. 따라서 호황기보다 불황기에 투자 타이밍을 잡아가는 것 또한 하나의 방법이다. 오르기 전 물건을 잡아놓고 기다리기가 바로 길목 잡기 투자이고 역발상 투자다.

또한 아무리 매매 가격이 상승한 아파트라 하더라도 싸게 살 수 있다. 평균 매매 가격 이하의 물건은 언제나 나오기 때문이다. 이를 급매 물건이라고 한다. 따라서 이미 매가가 오른 아파트가 있다면 바로 포기하지 않는다. 시간을 두고 급매가 나올 때까지 기다린다. 이미 매수 가격이 올랐다고 해서 싼값에 못 사는 건 아니라는 말이다. 단지 급매 물건은 잘 나오지 않는 것뿐이다. 꾸준히 검색하면 반드시 급매물을 잡을 수 있다.

급매 확인법

이제 막 투자를 시작하려는 초보 투자자라면 한 번쯤 이런 생각을 하게 된다.

'지금 매수하려는 가격이 적당한가?'

투자하는 돈이 적은 돈이 아니고 몇천에서 몇억이 넘어가니 올바른 가격에 사고자 하는 게 사람 마음이다. 막상 투자하려니 부동산에 대해 모르고, 주변 아파트부터 시작하자니 매매 가격이 싼지 비싼지 알 수가 없다. 내 지인들 역시 비싸게 사서 손해는 보기 싫고 웬만하면 싸게 사고 싶은데 가격이 천차만별이라 어떤 가격이 적당한지 감이 오지 않는다고 말한다.

실제 부동산 매수 가격은 다양하다. 주변 시세도 반영되지만, 매도자의 의사에 따라 가격이 정해지기 때문이다. 상황에 따라 급하게 팔아야 할 경우 싸게 내놓아야 한다. 싼 만큼 빨리 팔린다. 반대로 자금 압박이 없다면 천천히 제값을 받을 때까지 기다릴 수 있다. 이처럼 같은 물건이라도 매도자의 상황에 따라 매도 가격은 달라진다.

매수자 입장은 어떨까? 매도자와 마찬가지로 시간 여유가 있다면 싼 가격에 살 수 있다. 급하게 팔고자 하는 매도자가 항상 있는 것은 아니다. 급매로 파는 물건을 접하기 위해 시간이 필요하다. 매수자 역시 같은 물건을 싸게 사고자 한다. 하지만 급히 매수해야 할 상황에서는 비싸게 살 확률이 높아진다. 언제나 시간을 자신의 편으로 만드는 사람은 이득을 보게 된다. 시간이 있는 매도자는 제값에 팔 수 있고 시간이 있는 매수자는 싼값에 살 수 있다.

그렇다면 싼값을 어떻게 판단할까? 싼값 즉 급매 가격을 투자 전 미리 알아야 한다. 그래야 자신 눈앞에 있는 급매 물건을 잡을 수 있다. 싼 물건은 빨리 팔린다. 빠른 매수 판단이 중요하다. 아파트의 경우 층수에 따라 가격이 달라진다. 여기에 조망권까지 더해지면 가격 차이는 더 크게 벌어진다. 이 조망권의 가치만 억대가 넘는 경우도 있다.

이런 특수한 경우를 제외한 일반적인 아파트의 경우 70~90%의 층을 로열층이라 부른다. 이 해당 층은 다른 층에 비해 비싸게 거래된다. 그리고 1층과 탑층은 가장 싸게 나오는데, 그 사이를 로열층을 제외한 나머지 중간층이 가격을 형성하고 있다.

우리는 특정한 하나의 물건을 평가할 때 하나만 보기보다 그 외 나머지와 함께 비교하면 더 쉽게 올바른 판단을 내릴 수 있다는 사실을 안다. 나머지를 통해 객관적인 시각을 가질 수 있기 때문이다. 이 나머지가 하나를 평가하는 근거가 된다. 확실한 근거의 존재 여부에 따라 가치 판단은 달라진다. 기준이 있을 때 대상을 정확히 평가할 수 있다. 기준이 없다면 이게 맞는지 안 맞는지 확신을 가질 수 없다.

건설 현장의 작업 절차서와 같다. 절차서는 건설 작업 시 지켜야 하는 규칙을 작성해놓은 문서다. 따라서 어떤 작업이든 절차서에 따라 수행해야 한다. 이 절차서가 기준이 되는 것이다. 이 기준으로 작업이 맞는지 안 맞는지를 판단할 수 있다. 그래서 기준이 중요하다.

부동산 급매 판단 역시 그렇다. 매매 가격의 적정성을 판단하기 위해 기준을 만들어야 한다. 기준이 근거로 작용해 가치를 판단할 수 있게 된다. 그래서 부동산 가격이 적당한지 물어오는 지인들에게 항상 추천하는 방법이 있다. 바로 '급매 확인법'이다. 국토교통부 실거래가 공개시스템을 통해 확인한 실제 거래 가격을 근거로 기준 자료를 만드는 것이다. 만드는 방법은 간단하다.

첫째, 엑셀을 이용해 표를 만든다. 세로축은 층수, 가로축은 해당 연의 각 월이 된다.

둘째, 만든 표에 최근 거래의 매매가로 각 칸을 채운다. 예를 들어 국토교통부 실거래가에서 19년 6월 15,000(3)/18,000(5)로 표시되어 있다고 치자. 가로 밖의 숫자와 가로 안 숫자는 매도 가격과 매도 층을 나타낸다. 그렇다면 세로축 3층과 가로축 6월에 15,000, 세로축 5층과 가로축 6월에 18,000을 넣는다.

2019년 00아파트 00평형						
	1월	2월	3월	4월	5월	6월
1층						
2층						
3층						15,000
4층						
5층						18,000
6층						

셋째, 이런 과정으로 2년 치의 표를 만든다.

2019년 00아파트 00평형						
	1월	2월	3월	4월	5월	6월
1층			12,500	12,700		
2층						
3층			14,500			15,000
4층		15,500			14,550 12,500 14,300	
5층			15,000	13,000		18,000
6층						

이 작업은 의외로 오래 걸리지 않는다. 내가 실제 작성해보

니 30분 정도 걸렸다. 표를 만들고 실제 매물과 비교해보면 훨씬 객관적인 시각을 가질 수 있다. 예를 들어 각 해당하는 층의 월별 거래 내용을 한눈에 볼 수 있다. 그래서 가장 싸게 거래된 가격과 해당 월을 알 수 있다. 층에 따라 달라지는 가격이지만, 2년 치 실제 거래 가격을 통해 적정 가격을 판단할 수 있다.

또한 최근 거래된 최솟값과 최곳값을 알 수 있다. 색깔로 표시해두면 훨씬 눈에 잘 들어온다. 이를 이용해 현재 광고하는 매도 물건이 급매인지 아닌지 확인할 수 있다.

표 만들기는 근거를 스스로 만들어가는 과정이다. 이 과정을 통해 적당한 가격인지 아닌지를 알 수 있다. 근거를 만드는 과정은 시간이 걸리지만 한번 만들어두면 계속해서 사용할 수 있다. 추가적인 데이터는 기존 엑셀 차트에 더하기만 하면 되므로 시간은 더욱 단축된다. 이 급매 확인법은 좋은 투자 지도가 된다. 기준을 만드는 시간은 느리게 가는 길 같지만 가장 빠른 길이다.

하루 2분 부동산 투자법

성공적인 부동산 거래를 하려면 싼 가격에 사야 한다. 아무리 좋은 부동산이라고 해도 비싸게 사면 의미가 없다. 비싸다는 것은 상대적인 값이다. 싼 가격의 물건을 살 수 있음에도 상황에 따라 비싸게 살 때 우리는 비싸게 산만큼 손해를 보게 된다. 싸게 사야 이득을 볼 수 있다. 그래서 매수 시점의 가격이 중요하다.

합리적인 가격의 물건에 접근하기 위해 가치 이하로 내놓은 물건을 발견하는 게 중요 포인트다. 하지만 매일 그런 급매 물건이 나오는 것은 아니다. 가끔 나오므로 쉽게 접근하기 힘들다. 상대적인 싼 가격은 큰 메리트를 가진다. 시간과 자금이 많은 사람이라면 급매 물건을 샀다가 바로 팔아도 이득을 볼 수 있다. 사는 즉시 이득을 보는 물건은 누구나 매력을 느끼기 마련이다. 그런 이유로 매수를 위한 경쟁이 치열하고 빠르게 거래되기 때문에 자신이 검색하기 전에 이미 팔리고 없는 경우가 많다. 그래서 급매 물건이 과연 진짜 있는지 물어오는 지인이 많았다. 하루 이틀 검색해봤는데 싼 물건이 없다는 것이다. 하지만 급매 물건을 계약하기 위한 방법은 따로 있다. 바로 시간을 투자하는 방법이다.

성공적인 부동산 투자라는 것은 거창하지 않다. 내가 생각하는 성공 투자는 세 가지다.

첫 번째, 매매 후 시간이 흐른 뒤 이익을 보는 것

두 번째, 매매 즉시 이익만 보는 것

세 번째, 매매 즉시 그리고 시간이 지나 더 큰 이익을 얻는 것

이 세 가지 모두는 이익을 본다는 공통점을 가진다.

일반적으로 대부분의 사람은 투자를 첫 번째 방법으로 생각한다. 사고 난 다음 시간이 지나고 이익을 보는 방법이다. 하지만 꼭 그렇지 않다. 현명한 투자자는 샀을 때 바로 이익을 얻을 수 있어야 한다. 사는 즉시 이익을 보는 투자는 두 번째, 세 번째 방법이다. 그렇다면 어떻게 즉시 이익 보는 투자가 가능할까?

앞선 급매 확인법으로 적당한 가격의 접근법을 알아보았다. 국토교통부의 실거래가를 바탕으로 표를 만들어 2년간 흐름을 보면 어떤 가격이 최저 가격 또는 적당한 가격인지 알 수 있다. 그러니 그 이후부터는 싸게 나온 물건만 기다리면 된다. 부동산 매물 광고는 대부분 인터넷 사이트에서 확인할 수 있지만 지역마다 주요하게 거래되는 사이트는 다르다. 대부분 네이버 또는 다음 부동산을 통해 물건을 광고한다. 하지만 지역에 따라 특정 중소 신문을 이용하는 경우도 있다. 예를 들어 교차로 신문, 벼룩시장 등이 그것이다.

매수하고자 하는 지역과 아파트를 정하면 어떤 사이트를 이용해 부동산이 광고되는지 확인하는 게 우선이다. 그리고 그 사이트에 접속한다. 그 후 매수하고자 하는 지역 동/아파트/평형 순으로 클릭해 들어간다. 그렇게 최종 접속한 사이트를 인터넷 즐겨찾기로 추가한다. 즐겨찾기 이름은 해당 아파트 이름과 평형으로 정한다. 그리고 출근 후와 퇴근 전에 각각 1분씩 이용해서 즐겨찾기 한 사이트의 매물을 확인한다.

급매 물건이 나왔으면 부동산에 연락하면 되고 급매물이 나오지 않았다면 그냥 할 거 하면 된다. 정말 간단하다. 이렇게 딱 한 달만 시도해보는 것을 추천한다. 하루 2분씩 한 달이면 총 60분, 1시간이면 충분하다. 이렇게 하루 2분씩 투자하면 가격이 어떻게 형성되었는지 그 흐름을 알 수 있고 급매가 올라왔을 때 바로 연락을 취할 수 있다. 이제껏 꾸준히 가격을 봐왔다면 그보다 저렴한 물건은 한눈에 들어올 것이다.

●TIP

하루 2분 부동산 투자법

1. 사고자 하는 지역 동/아파트/평형 순으로 인터넷 접속

2. 그 사이트를 즐겨찾기

3. 즐겨찾기 이름을 OO아파트 OO평으로 설정

4. 출퇴근 전후 각각 1분씩 확인

나는 이와 같은 방법으로 지금 보유한 대부분의 물건을 매입

했다. 발품 파는 것만큼 손품 역시 중요한 시대다. 과거와 달리 대부분의 부동산 물건 광고는 인터넷상으로 확인할 수 있다. 이 정보를 얼마나 빠르게 접하고 연락하느냐에 따라 매력적인 가격의 물건을 매수할 수 있게 된다. 꾸준히 하면 할수록 그만큼 돈은 자연스레 따라온다. 은근히 사연 있는 물건은 많다.

나 역시 하루 2분 투자법을 이용해 급매를 검색하던 중이었다. 그러던 중 유독 저렴한 물건을 발견했다. 너무 저렴했고 광고된 날짜가 일주일 정도 지나 있는 것을 보고 허위 매물이거나 혹은 거래가 되었거니 하고 생각했다. 그냥 지나칠 수도 있었지만 한 번은 연락해보기로 했다. 그런데 놀랍게도 그 물건은 실매물이었고, 아직 거래되지 않고 있었다. 싸게 내놓은 이유는 단지 상속세를 줄이기 위해 급매로 내놓았을 뿐이었다. 그렇게 물건 확인 후 바로 계약금을 입금하였다.

잠재 경쟁자인 다른 매수자들 역시 비슷한 생각을 한다. 말도 안 되게 싼 매물이 광고되는 것을 보면 무슨 하자가 있거나, 허위 매물이거나, 벌써 거래되었다고 생각한다. 그래서 생각에 그치고 연락을 취하지 않는다. 그렇게 눈앞의 기회를 놓치고 만

다. 투자에 성공하고자 한다면 일반적인 생각에서 벗어나야 한다. 급매 가격으로 광고된 지 오래된 물건이라 하더라도 한 번은 연락해봐야 한다. 아직 거래되지 않았을 수도 있다. 등잔 밑이 어둡다는 말이 그래서 존재한다. 좋은 거래로 이어질 기회를 놓치지 말자. 혹시라도 거래되었다고 한들 연락한 김에 그 비슷한 가격대 물건을 확인해달라고 부탁할 수도 있고 실제 비슷한 가격대의 다른 물건을 확보하고 있을 수 있다. 꼭 한 번은 연락해볼 것을 추천한다.

2년 차

상대적으로 싼 물건은 지금 당장 매수하지 않는다면 다른 투자자가 계약할 것 같은 느낌이 들게 한다. 언제나 조급함을 느끼는 당사자는 손해를 본다.

역발상 투자를 시작하다

내가 읽은 주요한 투자 책 중 하나는 경매에 관한 책이다. 경매는 투자자에게 너무나 매력적이다. 낙찰을 받기는 쉽지 않지만 낙찰되면 부동산을 싸게 인수할 수 있다. 싸게 산다는 것은 매입 즉시 이익을 본다는 말이다. 그래서 미국 백만장자들을 분석한 《이웃집 백만장자》란 책에서도 부자가 될 수 있는 직업 중 상위에 경매 투자자가 랭크되어 있다. 경매는 학위가 필요하지 않다. 부자가 될 직업 상위 10개 중 학위 없이 부자가 될 수 있는 직업은 경매 투자자가 유일했다. 낙찰을 받을수록 부자가 되기 때문이다.

하지만 경매는 직장인이 쉽게 접근할 수 없다는 뚜렷한 단점이 있다. 직접 법원에 가야지만 입찰이 가능하다. 가더라도 100% 낙찰받는다는 보장도 없다. 한 해 동안 쓸 수 있는 한정된 연차를 가진 직장인이 매번 휴가를 쓰기에는 한계가 있다.

나는 낙찰이 될지 안 될지 모르는 상황에서 경매장에 갈 때마다 휴가를 쓰는 것이 비효율적으로 느껴졌다. 물론 경매 대리인을 활용할 수도 있다. 하지만 경매에 익숙하지 않은 나에게 그것까지 고려할 여유는 없었다. 그래서 싸게 산다는 경매의 장점을 일반 매매에도 대입할 방법을 찾는 데 집중했다. 그리고 현재는 저평가된 물건이지만 향후 가치가 높아질 수 있는 물건을 찾아 나섰다.

첫 근무지였던 울진 근처에는 삼척이라는 소도시가 있다. 삼척의 여러 아파트 중 유독 매매 가격이 낮은 한 아파트가 눈에 들어왔다. 왜 그럴까 분석하기 시작했고 곧 그 이유를 찾을 수 있었다.

전체 아파트가 임대아파트로 그 시행사가 부도가 났다. 그래서 그 임대 물건이 한꺼번에 경매장에 쏟아졌다. 낙찰을 받는 집이 한두 개라면 모르겠는데 전체 아파트가 경매로 낙찰되었고 명도 및 이사하면서 짐과 쓰레기로 아파트 단지는 아수라장이 되어 있었다. 방문 당시 한눈에 보더라도 어수선했고 거주 환경이 좋지 못했다. 또한 대량으로 발생한 이주 물량으로 많은 공실이 발생하던 상황이었다. 그러다 보니 아파트는 원 가치보다 낮은 매매 가격이 형성되고 있었다.

가격이 내려간 이유를 알게 되자 내가 찾던 가치 이하 물건임을 직감했다. 그리고 이 저평가된 물건이 언제 다시 가격을 회복할지 예측해보았다. 삼척 주변에는 중·대형 회사들이 많다. 이 회사들은 그 당시 하나둘 건설 사업을 추진 중이었다. 건설 현장은 많은 신규 직원을 필요로 한다. 그래서 건설이 시작되면 많은 외부 직원들이 전입하게 되고 점점 기존 사택의 공급은 부족해진다.

이런 상황이 맞물리면서 이 아파트를 사택으로 이용한다는 소문을 듣게 되었다. 대규모 공실이 많은 사택이 필요한 회사의 이용과 맞아떨어지게 된 것이다. 그 아파트 주변에는 다른 아파트 역시 존재한다. 이를 이용해 사택으로 활용할 수도 있다. 하지만 계약 만료 기간에 하나둘 물건이 나오지 한꺼번에 대량 물량 확보는 쉽지 않다. 사택으로 이용하기 부적합한 것이다. 이렇게 회사 사택으로 이용되면 대규모 공실 역시 해결된다.

나는 삼척 아파트의 가치가 떨어진 이유는 두 가지라 판단했다.

첫 번째, 경매 낙찰로 어수선한 주변 환경

두 번째, 대규모 공실 발생

그렇다면 시간이 지나감에 따라 주변 환경은 정리될 것이고 공실 또한 입주민 혹은 회사원들로 채워질 것이다. 그렇게 떨어졌던 가치는 다시 원래 가치를 되찾을 수 있다는 가정을 세울 수 있었다. 부동산을 보는 시각이 현재에 머물러 있는 것이 아니라 미래를 그려볼 수 있다면 다르게 접근할 수 있다. 그 당시 이런 생각은 남들은 보지 못하는 가치를 나만 보고 있다는 희열을 느끼게 했다.

분석 후 아파트 인수를 결정했다. 매수 자금은 기존의 대출 승계와 모아놓았던 1천만 원, 나머지 차액은 마이너스 통장 자금을 이용했다. 그렇게 일사천리로 매수하게 되었고 얼마 지나지 않아 월세 세입자를 찾을 수 있었다. 월세 수익률은 27.25%이다. 처음 거주했던 그 세입자는 현재도 거주하고 있다.

역발상 투자 시 예상 시나리오를 세워보는 것은 큰 도움이 된다. 무조건 싸다고 구매하는 것이 아니라 가격이 내려간 원인과 다시 그 가치를 높일 수 있는 이유를 분석해보는 것이다. 무조건 정답만 찾으라는 것은 아니다. 정답을 찾는 과정을 거치라는 말이다. 자신의 분석과 실제 결과는 다를 수도 있다. 하지만 그런 과정이 투자자의 시각을 더욱 확장한다. 일단 세워둔 가정이 있기 때문에 상황이 다르게 흘러가더라도 다른 가정을 추가할 수 있다. 그 다른 가정은 이제껏 생각하지 못한 시각이다. 이런 과정을 통해 스스로 배울 수 있다. 앞으로 분석 과정에서도 쉽게 적용하게 된다.

수학 문제를 풀 때 풀이 과정을 뚜렷이 적고 푸는 것과 같다. 문제가 틀렸다면 어떤 풀이 단계에서 실수했는지 바로 확인이 가능하다. 하지만 뒤죽박죽 풀면 어떤가? 자신이 정말 실수했던 부분은 알 수 없다. 그리고 똑같은 문제에서 같은 실수를 반복한다. 투자의 성공 확률을 높이기 위해 예상 시나리오를 세워 보자.

나는 언제나 역발상 투자하기 전 이와 같은 시나리오를 세워 본다. 가정을 세우기 위해서는 많은 정보가 필요하다. 전입 인구 현황, 지역 내 투자 유치 계획, 그 지역 내 관공서의 노력도 등을 살핀다. 이 결과 투자할지 말지를 판단하는 것이다. 이렇듯 시나리오대로 투자했던 여러 역발상 투자 지역은 몇 년 후 좋은 결과를 가져다주었다.

가격이 내려가고 있는 부동산을 투자하기란 쉽지 않다. 더 떨어질지 모른다는 공포 때문이다. 그래서 역발상 투자 지역에 투자하기 위해서는 투자의 이유가 분명해야 한다. 가상 시나리오를 세워보는 것은 투자하는 데 확신을 준다.

*삼척 유성 아파트 분석
1. 위치 및 세대 수
　- 강원도 삼척시 정상동 316-3, 478세대

2. 삼척 현황

　A. 8년 만에 신규 분양(교동 코아루 474세대, 평당 520만 원)

　B. 친환경 화력발전소: 2022년까지 63만 평 부지 14조 원
투입

　　- 삼척시 근덕면 동막리 그린에너지 산업단지, 청정에
너지 연구개발단지

　　- 친환경 석탄화력발전소, 연료 전지 및 태양광 등 신재
생 에너지 단지 신설

　C. 삼척 LNG 생산기지: 가스공사(평택, 인천, 통영에 이어 4번
째 규모) 2조 7천억 원 투입

　　- 운용 요원 320명 / 경비 인력 90명

3. 유성 아파트 메리트

　A. 최악의 상황: 경매 낙찰 직후라 이미지 최악, 명도 및 리
모델링에 따른 공사장 방불케 함, 13년간 보수 및 건물 외
부 페인트칠 안 함

　B. 위치: 큰 도로 옆(7번 국도 끼고 있음)

　C. 적당한 가격

　D. 전망: 내·외부 보수 작업만 끝나면 가격 상승 예상

첫 투자로 탑층을 매매하다

투자할 아파트를 정하고 매수하기 위해 물건을 보기 시작했다. 그러던 중 다른 매물에 비해 유독 저렴한 물건을 발견했다. 그렇게 그 물건을 직접 보게 되었다.

상대적으로 싼 물건은 매입 시 조급함을 만든다. 지금 당장 매수하지 않는다면 다른 투자자가 계약할 것 같은 느낌이 들게 한다. 언제나 조급함을 느끼는 당사자는 손해를 본다. 조급함이 올바른 판단을 방해하기 때문이다.

부동산 매입 시 현명한 투자를 위해 고려해야 하는 항목이 있다. 평당 가격, 위치, 남향 혹은 동향, 세대수, 집 상태, 대출 여부 등이다. 다양한 부분을 고려하는 다각적인 시각은 투자 실패를 줄인다.

하지만 부동산 투자 경험이 없던 나는 싼 가격에 판단력이 흐려졌다. 아파트 내부를 보는 동안 단점보다 장점만 눈에 들어왔다. 으레 그렇듯 초보 투자자는 많은 것을 보지 못한다. 물건을 소개한 관리소장 한마디 한마디에 주의를 기울였다. 그는 베란다 앞에 서서 말했다.

"저기 보이나? 바다."

뷰가 좋다는 말이었다. 그렇게 탑층을 사게 되었다.

아파트는 층수에 따라 가격이 달라진다. 일반적으로 세 가지 가격으로 나눌 수 있다. 저층과 탑층, 일반층, 로열층이다. 저층과 탑층은 제일 저렴하다. 그리고 일반층은 그보다 비싸고 로열층은 일반층보다 비싸게 가격이 형성된다.

탑층은 다른 층에 비해 저렴하다. 그 당시 그 이유를 알지 못했다. 오래된 아파트일수록 탑층은 겨울에 춥고 여름에 덥다. 지열이 그대로 흡수되기 때문이다. 또한 상층이므로 출구까지의 접근성이 떨어진다. 한번 나가는 데 시간이 오래 걸린다. 외벽인 상층부는 항상 외부에 노출되다 보니 누수 가능성까지 높다. 이런 단점으로 다른 층에 비해 매매가 상승이 적다. 항상 로열층에 대비해 10~20% 저렴한 게 사실이다. 언제나 일반 평균 매매가 이하로 거래될 수밖에 없다.

결과적으로 보면 나쁜 선택은 아니었다. 탑층이든 일반층이든 월세는 크게 차이가 없다. 싸게 산만큼 투자 수익률이 높았다. 그리고 운까지 따랐다. 처음 세입자는 지금까지 거주 중이고 가끔 월세가 밀릴 때가 있으나 그래도 꾸준히 입금하고 있다. 그래서 투자금은 이미 모두 회수했다. 하지만 그 이후 단 한 건도 탑층은 매입하지 않는다. 월세 수익만 보고 투자하지 않기 때문이다. 양도차액까지 고려하면 매매가 상승이 적은 탑층은 매력적이지 않다.

또한 지금까지 30채를 매입하면서 탑층 가격에 나오는 일반층 매물이 많다는 사실을 알게 되었다. 기다릴 수만 있다면 탑층이 아닌 좋은 물건을 싸게 살 수 있다.

혹시나 지금 조급함을 느끼는 거래를 하고 있는 건 아닌지

되돌아보자. 그렇다면 거래를 하지 않는 것이 좋다. 조급함은 보이는 것도 보지 못하게 만든다. 그 보이지 않던 것들에 치명적인 단점이 숨어 있음을 알아야 한다.

직접 부동산을 관리하기에 이르다

그렇게 아파트 첫 투자를 시작하게 되었다. 탑층 아파트를 소개해준 사람은 공인중개사가 아니라 관리소장이었다. 그 아파트 단지 전체가 경매로 나오다 보니 전국 경매 투자자들이 몰렸다. 하지만 지역적으로 접근성이 떨어지는 외각 지역이다 보니 관리소장에게 위임해 팔기도 했다. 내가 샀던 물건도 그런 물건이었다.

그 관리소장님은 부동산 초보인 나에게 너무나 친절했다. 대출 승계를 위한 은행 관계자와 소유권 이전을 위한 법무사도 직접 소개해주었다. 세입자를 찾는 것까지 손수 알아봐 주었다. 이에 관한 어떠한 수수료를 요구하지 않았다. 부동산 초보였던 나에게는 은인과도 같은 존재라고 여겨졌다. 그런 도움을 받았던 것만큼 한 달에 한 번 정도 소장님을 찾아가 도움에 보답하고자 노력했다. 하지만 시간이 지나자 문제가 발생했다.

세입자가 월세를 관리소장님 통장에 입금하면 관리소장님이 나에게 월세를 전달하는 방식이었다. 그러나 연락을 하지 않으면 몇 달이 지나도 월세를 입금해주지 않았다. 지금이라면 달마다 연락했을 텐데 그때는 그 정도로 성실함이 부족했다.

사실 연체된 사실을 알리기 위해 매번 전화하는 것도 도리어 죄송하게 느껴졌다. 세입자가 수시로 연체한다는 사실과 어렵게 월세를 받고 있다는 사실을 이전 통화를 통해 알고 있었기 때문이다. 그렇게 나를 대신해 고생하고 있는데 월세 연체까지 독촉하기가 송구했다.

직접 월세를 받았다면 월세 입금 명세도 바로 확인할 수 있지만 한 단계 거쳐서 받게 되니 불편함이 계속되었다. 하지만 이제부터 제가 관리하겠다는 말은 선뜻 나오지 않았다. 속을 썩이는 세입자를 과연 내가 상대할 수 있을까? 라는 의구심이 들었기 때문이다. 문제를 계속 회피하고 있었다. 그렇게 이상한 월세 계약은 1년 반 정도 지나고 있었다.

더는 이렇게 관리해서는 안 되겠다는 생각이 들었다. 월세도 계속 연체되고 매번 전화해서 내가 받을 월세를 확인하는 것도 수고스러웠다. 직접 받고 직접 관리해야겠다는 마음을 먹기 시작한 것이다. 연체 세입자 관리가 쉽지 않더라도 이렇게 피하기만 하면 지금과 같은 답답한 상황이 계속되리라는 것은 불 보듯 뻔한 사실이었다.

혹시라도 타인에게 양도해 부동산 관리를 할 기회가 있다면 절대 응하지 말길 바란다. 부동산은 직접 관리해야 한다. 처음에는 편해 보인다. 자신이 알지 못하는 분야라면 더욱 속 편하다. 하지만 시간이 지나고 보유 채 수가 많아지면 문제가 발생한다. 혹시라도 관리자의 부재가 생기는 경우라면 자신의 재산을 온전히 지킬 수 없다. 그렇게 의존해서는 부동산 관리 능력을 평생 기를 수 없게 된다. 언제나 주도권은 관리해주는 사람이 쥘 수밖에 없다. 그러니 처음부터 직접 관리해야 한다. 물론 관리하는 과정에서 어려움도 존재한다. 하지만 그 어려움을 겪어야 어떤 방법으로 해결할지 고민해보게 된다. 고민하는 과정에서 최적의 방법을 찾을 수 있다.

월세 관리 문제는 비슷비슷하다. 계속 반복된 문제가 발생한다. 같은 문제를 다뤄본 경험이 있다면 전보다 수월하게 해결할 수 있다. 하지만 다뤄보지 못하면 언제나 어렵게만 느끼게 될 것이다. 부동산 관리 능력을 기르기 위해서는 부동산을 직접 관리해야 한다.

그렇게 스스로 월세 물건을 관리하기 시작했다. 아무래도 시간이 지난 상태다 보니 이를 승계받는 과정에서 진통도 있었다. 관리소장님은 자신의 물건이 아니다 보니 꼼꼼히 관리하지 않았고 세입자 역시 월세를 정확한 날짜에 납입하지 않았다. 그러다 보니 정산하는 과정에서 서로가 생각하는 월세 납일 회차를 맞추지 못했다. 세입자는 입금했다고 하고 관리소장은 받지 못했다고 하는 공백이 발생했다. 이를 입증하기가 쉽지 않았다.

결국 6개월 연체 부분은 소급하지 못했다. 그냥 스스로 관리하지 못한 대가라고 생각했다. 그만큼의 수업료를 지불했다. 그리고 다시는 타인에게 나의 정당한 권리를 양도하지 않을 것이라 다짐했다.

하나둘 지금까지 월세 납입 과정을 알아가기 시작했다. 그리고 왜 관리소장과 세입자 간의 월세 공백이 발생했는지 알 수 있었다. 세입자는 지금까지 조금 이상하게 월세를 납입하고 있었다.

월세를 낼 때도 있고 안 낼 때고 있었고, 월 35만 원인 월세를 15만 원, 35만 원, 25만 원, 45만 원 등 불규칙한 금액으로 납입하고 있었다.

이렇게 입금하면 납입된 월세를 정확히 계산하기가 쉽지 않다. 따로 기록해두지 않으면 지금까지 얼마의 월세가 입금되었는지 한눈에 파악할 수 없다. 그래서 나는 월세 입금일과 입금액을 엑셀 파일로 기록한 후 관리하기 시작했다.

들쑥날쑥하게 입금한 월세를 한번 정산해야겠다 마음먹었다. 세입자에게 지금까지 현황을 문자로 보냈다.

"현재 3개월+20만 원 연체되어 있으십니다. 확인 부탁드립니다."

그러자 세입자는 그렇지 않다며 자신은 2개월 연체가 맞는다고 이야기했다. 지금까지 불특정한 날짜에 부정확한 금액을 보냈지만, 세입자 역시 따로 관리하고 있었다.

나는 이때다 싶어 지금까지 정리한 입금 명세 엑셀 파일을 전달했다. 그 후 '실제 입금 명세와 다른 것 같다'는 문자에 실제 통장 입금 명세까지 전달하자 상황은 반전되었다. 세입자의 기록이 잘못되었다는 사실을 실제 입금일과 대조로 알게 된 것이다. 엑셀 파일 관리 내역과 실제 입금 기록으로 나의 주장이 맞는다는 사실을 인지시킴과 동시에 관리를 철저히 하고 있다는 메시지를 전달할 수 있었다.

이 일이 있고 난 뒤부터 세입자는 정확히 35만 원을 월마다 꼬박꼬박 보내주고 있다. 연체도 없어졌다. 약 3년간 계산하기 어려울 정도로 입금일과 입금 금액을 불특정하게 전달했던 것을 지금은 일관되게 보내고 있다.

나는 세입자와의 소통 과정에서 서로의 신뢰가 생긴다고 생각한다. 그 소통 과정에서 제대로 관리하고 있음을 증명해야 할 때가 있다. 그때 이를 증명하지 못하면 서로 오해는 지속한다. 서로 불신하는 것이다. 어느 한쪽에서는 철저히 관리해야 한다. 그리고 그 어느 한쪽은 집 소유자가 되어야 한다. 매번 규칙을 잘 지키는 세입자를 바랄 수 없다. 언제든 문제는 발생한다. 그 문제를 해결하기 위해 스스로 관리 노하우를 쌓아야 한다.

나는 월세 연체 시마다 문자로 이를 알린다. 전화상으로도 이야기할 수 있지만, 문자를 선호한다. 문자는 언제든 다시 확인할 수 있기 때문이다. 또한 문자로 보낼 때 세입자에게 공통으로 마지막 월세 입금일을 보낸다. 이를 언급하고 월세가 연체되었다는 사실을 알린다.

"세입자님 19.3.29 이후 월세 X개월 연체 중이십니다. 확인 후 월세 입금 부탁드립니다. 감사합니다."

이를 위해 월세 입금 날짜 및 금액을 작성해두어야 한다. 기록을 습관화할 때 부동산을 올바르게 관리할 수 있다. 그렇지 않으면 세입자에게 끌려다닐 수밖에 없다. 세입자에게 확실히 관리한다는 근거는 기록에서 나온다.

인간은 자신 스스로 통제할 수 있는 분야에 안정감을 느낀다. 하지만 그 반대의 분야에는 불안감을 느끼게 된다. 오랫동안 부동산 투자를 할 마음이 있다면 스스로 부동산을 통제할 수 있어야 한다. 통제는 체계적인 관리에서 시작된다. 체계적인 관리를 위해서는 기록해야 한다. 모든 정보를 암기할 필요를 없게 하는 기록은 머리를 쉬게 해준다.

삼척 유성 아파트 탑층
매입 사례(12년 1월 매입)

매입가: 5,700만 원

대출금: 2,700만 원

이자율: 3.59%

보증금/월세: 500만 원/35만 원

신용대출금: 1,500만 원 (이자율: 3.37%)

수익률: 27.25%

탑층 매입 당시 모아놓은 돈은 1,000만 원밖에 되지 않았다.

나머지 2,000만 원은 마이너스 통장을 활용했다. 그 후 월세 보증금 500만 원을 다시 회수해 순 신용대출금은 1,500만 원이 되었다. 매매 가격은 매입 후 올라가고 내려가길 반복하고 있다. 18년 7월 평균 매가는 7,000만 원까지 올라갔으나 다시 하락해 19년 6월 6,100만 원 정도에 머물러 있다. 고점 대비 10% 이상 하락했지만, 전혀 걱정은 없다. 연간 고정적으로 약 27.25%만큼 수익을 계속 내고 있기 때문이다.

12년 1월 매입 후 2월부터 월세를 받기 시작했는데 그 당시 전입한 세입자는 지금도 거주 중이다. 손 바뀜에 따른 도배와 장판 비용, 세입자 대체 비용, 각종 수리 비용 등 추가 비용이 들지 않고 약 8년 동안 월세를 계속 받을 수 있었다. 이미 월세 순수익은 투자금 대비 100%가 넘었다. 순 투자금 전액을 회수했다는 말이다.

PART 3

3년 차

움직여야 기회가 보이고 그 기회를

잡을 수 있다. 수많은 움직임 속에

그 가치가 확인되기 때문이다.

분양권 투자에 눈을 뜨다

하나둘 문제가 해결될 무렵 아파트 분양에 관심이 생기기 시작했다. 내가 살았던 창원과 회사인 울진 사이에는 포항이란 도시가 있다. 집으로 가는 길에 항상 포항을 들러야 했는데 한 아파트 분양관을 발견했다. '상도 코아루 센트럴하임 아파트' 분양관이었다.

포항은 전통적으로 철강 관련 기업이 주력 산업이다. 이 산업단지에 근무하는 사람들이 인구의 대부분을 구성한다. 포항

시민이 가장 선호하는 거주 지역 중 하나는 학군이 좋고 출퇴근이 용이한 효자동이란 곳이다. 상도 코아루 센트럴하임은 그 동네에 분양하고 있었다.

하지만 분양관을 방문했을 때는 아쉽게도 벌써 분양이 끝난 후였다. 청약 당시 청약률이 40:1 정도로 분양 경쟁이 치열했다. 분양권 전매가 허용된 시기였기 때문에 소위 말하는 떴다방이 진을 치고 있었다.

포항 내 분양 열기가 뜨거워지던 초반이었기 때문에 그렇게 피는 높지 않았다. 분양권을 피를 주고 산다고 하더라도 입지 조건과 학군이 좋아 향후 가치는 높아질 것으로 판단했다. 그래서 분양권을 사기 위해 찾아보던 중 싸게 나온 28평 아파트 분양권을 150만 원을 주고 샀다. 그렇게 매수 후 다시 한번 분양관에 방문했는데 관계자에게서 놀라운 이야기를 듣게 된다. 방금 34평 로열층 계약 해지된 물건이 있는데 계약할 생각이 있냐는 것이었다. 두 번 고민하지 않았다. 동과 호수를 확인하고 그 즉시 계약금을 넣었다.

이제껏 분양을 받기 위해서는 청약 접수 혹은 분양권에 피를 주고 사는 두 가지 거래 방법만 있는 줄 알았다. 하지만 취소 물건 또한 분양권을 확보할 수 있는 하나의 방법이었다. 혹시라도 분양 시기를 놓쳤다고 아쉬워하는 사람이 있다면 추천하고 싶다. 취소 물건 역시 존재하니 이를 노리라고 말이다.

이뿐만이 아니다. 월세 보증금 정도로 집을 분양받을 수도 있다. 스마트 리빙제를 이용하면 된다. 실제로 용인 '성복 자이 아파트'와 포항 초곡지구 '화산 샬레 아파트'가 스마트 리빙제를 적용했다. 포항 화산 샬레 아파트의 경우 미분양된 신규 32평 아파트를 2천만 원 정도의 보증금으로 2년간 살 수 있다. 그동안에는 보증금 이외에 월세라든지 취득세, 대출 이자가 전혀 없다. 지역을 분석해 앞으로 가치가 높아질 것으로 판단했다면 살아 보고 선택하는 것도 하나의 방법이 된다. 그리고 그 후 매입을 할지 안 할지를 결정할 수 있다. 혹시라도 집값이 내린다면 계약이 끝나고 나가면 그만이다.

스마트 리빙제로 분양하던 2019년 초, 포항 초곡지구 인근에서 지진 발생으로 이제 막 분양하던 아파트에 비상이 걸렸다. 추가적인 대형 지진이 발생하지 않겠냐는 걱정으로 미분양이

속출했기 때문이다. 하지만 그 지진의 원인이 지열발전소에 의한 것임이 밝혀졌다. 또한 추가적인 가동이 중지된 시점이다 보니 초곡지구에 해당하는 샬레 아파트 역시 좋은 투자 물건으로 판단된다.

지금까지 좋은 투자 결과를 냈던 물건을 분석해보면 스스로 움직인 결과였다. 그 당시 가만히 앉아서 좋은 물건이 나오기를 기다렸다면 지금 보유하고 있는 대부분의 부동산을 매입할 수 없었을 것이다. 움직여야 기회가 보이고 그 기회를 잡을 수 있다. 수많은 움직임 속에 그 가치가 확인되기 때문이다.

투자에 성공하고 싶다면 지금 당장 자리에서 일어나 투자에 관련된 것은 무엇이든 하길 바란다. 부동산 기사를 읽어도 좋고 분양관을 방문하는 것도 좋다. 부동산 책을 보기 위해 도서관에 가든 서점에 가든 무엇이든 행동하라. 그렇게 누적된 시간은 투자 시야를 점차 확장해준다. 그리고 투자 기회가 왔을 때 그 기회를 놓치지 않게 된다.

묵혀서 돈을 벌다

2013년 이후로 포항의 분양 열기는 더욱 뜨거워졌다. 수많은 브랜드 아파트가 청약을 받기 시작했고 분양하는 곳마다 완판되었다. 부동산 투자 열기는 갈수록 치열해졌다. 그럴수록 내가 보유한 분양권 가격은 높아지기 시작했다.

어떻게 알았는지 공인중개사들의 전화가 오기 시작했다. 매수자가 있으니 분양권을 팔 생각이 없냐는 것이었다. 분양권을 보유하고 6개월 후부터 분양권 피가 1,000만 원대에 형성되어 있던 것이 그 후에는 2,000만 원, 3,000만 원, 4,000만 원이 되었고 입주가 다가올수록 더 올라갔다. 심지어 입주 시점 직전에는 6,000만 원까지 올랐다. 내가 보유한 입주권은 로열층이다 보니 그 값은 더욱 비싸졌다.

사실 2,000만 원 정도 분양권 가격이 형성되었을 때 팔아야 하나? 라는 생각이 들기도 했다. 웃돈을 주고 사지도 않았고 계약금 2,000만 원까지 포함되어 있다 보니 팔았을 때 4,000만 원을 확보할 수 있었다. 100% 수익률, 보유한 지 불과 1년 정도 되었으니 수익률이 꽤 높았다. '이를 팔고 그 수익으로 다른 투자처를 알아보는 게 낫지 않을까?'란 고민을 하기도 했다. 하지만 팔지 않았다. 앞으로 더 큰 가치 상승을 예상했기 때문이다.

내가 소유한 아파트는 이제 막 분양하는 초기 아파트다 보니 분양 가격이 저렴하다는 평가가 많았다. 그런 이유로 투자자들의 관심이 높았다. 택지 개발 시 최초 입주하는 아파트를 분양받아야 한다는 말이 이해되기 시작했다.

언제나 그렇듯 최초 분양하는 아파트는 주목도는 높을지라도 투자까지 이어지기 쉽지 않다. 주변을 보더라도 허허벌판이고 건물 하나 들어서지 않다 보니 의구심이 들게 된다. 현재의 모습만 보고 선뜻 투자를 고려하지 않게 된다. 그만큼 청약 열기는 뜨겁지 않다. 그래서 상대적으로 쉽게 분양받을 수 있다. 하지만 하나둘 아파트가 들어서고 그 주변에 생활 편의 시설과 학교가 생기기 시작하면 이야기는 달라진다.

대부분의 사람은 한눈에 봐도 살기 좋음을 느낄 때 투자를 시작한다. 그래서 본격적인 투자 열기가 높아지기까지 최초 분양했던 아파트에 대비한 시간 격차가 발생한다. 시간 격차는 분양 가격에 영향을 미치게 되고 갈수록 분양 가격은 높아진다. 그렇게 첫 분양했던 아파트 가격 역시 덩달아 오르는 효과를 볼 수 있다.

내가 투자한 효자동은 학군에서 메리트가 있었다. 대한민국에서 학군은 아파트 가격에 상당한 영향을 미친다. 조금 비싸더라도 학군 좋은 아파트를 찾는 게 자식 가진 부모의 마음이다. 해당 지역 아파트에 거주하고 있어야 원하는 학교에 입학할 수 있다. 효자동 상도 코아루 아파트는 포항에서 학군 좋기로 유명한 효자 초등학교에 입학할 수 있는 혜택이 있었다.

또한 입주 당시 바로 옆 부지가 고급 브랜드 아파트 분양 확정까지 맞물리면서 전세금이 높아졌다. 결국 분양 가격만큼 전세금을 받을 수 있었다. 즉 큰돈을 들이지 않고 아파트 한 채를 매수하게 된 것이다. 첫 계약 당시 입금했던 계약금은 고스란히 다시 회수할 수 있었다. 추가 투자 자금이 생기게 되었다. 그 후 전세 만료 시 2,000만 원을 증액해 또 다른 투자금을 확보할 수 있었다.

끊임없이 분양권을 팔라는 공인중개사의 유혹을 뿌리칠 수 있었던 것은 희소성에 대한 믿음이었다. 아파트는 원룸이나 오피스텔과 다르게 대규모 땅이 필요하다. 최근에 지어진 아파트 단지를 보면 공원, 운동 시설, 상가, 어린이집 등 수많은 편의 시설이 같이 포함된다. 이 포함된 가지 수가 많아질수록 분양 단지에 필요한 땅은 넓어진다. 말 그대로 아파트를 지으려면 그만큼의 부지가 확보되어야 한다. 하지만 하나둘 아파트 단지가 들어서게 되면 지역 내 대규모 땅은 점점 줄어들게 든다. 시간이 지날수록 땅이 없어 아파트를 지을 수 없다.

반대로 오피스텔은 어떤가? 딱 건물 크기만큼의 땅만 필요하다. 아파트와 달리 각종 편의 시설은 추가 부지가 아닌 건물 내에 들어가는 것만큼 넓은 땅이 필요 없다. 그렇기 때문에 언제든 오피스텔이 들어갈 땅만 있으면 지을 수 있다. 그래서 오피스텔 가격이 오른다 싶으면 바로 근처에 또 다른 시공사가 오피스텔을 짓는다. 기존 오피스텔 가격이 오른 것만큼 분양 수익성이 높아지기 때문이다. 그렇게 분양하고 신규 입주 물량이 풀릴 때쯤 오피스텔 가격 경쟁은 더욱 치열해진다. 기존 오피스텔의 임대료를 낮출 수밖에 없다. 임대료가 낮아진 것만큼 매매 가격 역시 하락 조정된다. 희소성이 없기 때문에 매매가 상승을 기대하기 어렵다.

투자할 때 희소성을 주목하고 이를 반영해야 한다. 희소성이 확보된 투자처의 가격 상승은 시간이 갈수록 가팔라진다.

또 다른 역발상 투자 지역을 발견하다

2013년 8월, 아버지께서 은퇴하셨다. 아버지는 이제껏 배우지 못한 것을 여러 가지 강의를 들으며 하루의 시간을 채우셨다. 은퇴 전부터 은퇴 후의 계획을 세운 게 도움이 되신 것 같다. 난초 키우기부터 서예, 스포츠댄스, 도배&장판, 서양화, 부동산 강의 등 많은 교육에 참여하셨다. 그러던 중 한 부동산 강사가 한 얘기를 귀담아듣게 되신다.

"앞으로 광양을 주목해라."

지금은 저평가되어 있지만 향후 부동산 가치는 높아질 수 있다는 게 그 말의 핵심이었다.

그 얘기를 아버지를 통해 듣는데 '광양이?'란 생각부터 들었다. 사실 지금껏 광양에 가본 적도 관심을 가진 적도 없었다. 광양이라 하면 여수 근처에 위치하고 광양제철소가 있다는 정도로만 생각했다. 흘려들을 수도 있었다. 하지만 그 당시 부동산투자에 관심이 높아지고 있었기 때문에 전문가가 추천한 곳이라 한 번은 가보자란 생각을 했다. 특히나 저평가된 물건을 찾는 데 목말라 있는 나에게 어쩌면 기회가 될 수도 있겠다는 느낌이 들었다.

그다음 주에 바로 1박 2일 여행을 계획했다. 광양은 경상남도와 전라도의 경계에 위치한다. 창원에서 한 시간 반 정도밖에 걸리지 않았다. 또한 광양 근처에는 여수라는 대표적인 관광지가 있었다. 그래서 여수부터 들렀다가 광양까지 방문하는 코스를 짰다. 광양은 여수에서 다리 하나만 건너면 도착할 정도로 가까웠다.

새로운 정보를 들으면 망설이지 않아야 한다. 시간이 있다면 바로 즉시 시도해보는 것이 좋다. 혹여 그 실행의 결과가 자신에게 해당 사항이 없을지라도 그런 하나하나의 실행이 자신을 성장시킨다. 끊임없는 경쟁 사회에서는 변화해야 살아남는다고 한다. 실행이 그 변화다. 지금과 다른 결과를 만들기 위해 계속된 새로운 시도가 필요하다.

나는 여러 매체를 통해 새롭게 접한 정보는 24시간 이내에 한 번은 시도해본다. 그리고 그 결과가 나에게 해당 사항이 없다면 그만둔다. 하지만 괜찮다고 느낀다면 계속한다. 반복된 행동은 습관을 만든다. 내 삶을 채우고 있는 대부분의 습관이 이런 과정을 통해 만들어졌다.

지금 쓰고 있는 스케줄 북이 그러하고 한 해 계획을 스케줄 북에 작성하는 게 그러하다. 출근 즉시 감사의 일기를 쓰는 것 또한 그러하고 잠들기 직전 30분 독서가 그러하다. 이를 통해 인생을 더욱 풍성하게 만들 수 있었다.

반대로 정보를 그냥 흘려들으면 그 정보가 정말 좋은지 그리고 나에게 도움이 되는지 알 수 없다. 정보를 접했던 그 당시에는 기발하고 좋다고 여긴다고 하더라도 며칠만 지나면 그 감정을 느낄 수 없게 된다. 그냥 잊게 되는 것이다. 한 번은 시도해봐야 그 중요성을 스스로 느낄 수 있다. 본인 스스로 깨달을 때 정보는 가치를 가진다. 아무리 좋은 정보라고 하더라도 자신에게 좋은 정보인지 아닌지 실행해봐야 한다.

투자할 곳에 직접 방문하여 몸소 느끼다

    1박 2일 여수, 광양 여행의 주된 목적은 부동산 투자였지만 대부분의 시간은 여행하는 시간으로 채웠다. 노래로만 들었던 '여수 밤바다'를 보았고 그 근처 맛집도 들렀다. 그렇게 건조할 수 있던 부동산 투자를 여행과 함께 하니 그 시간은 더욱더 즐거웠다. 마지막 날 집으로 돌아오는 길에 광양에 들렀다.

    물론 방문하기 전에 인터넷 지도상으로 확인했지만 실제로 그 지역에 가니 느낌이 달랐다. 살기 좋다는 느낌이 첫 번째로 들었다. 도로는 반듯했고 아파트 밀집 지역과 상업 지역은 구분되었으며 도시 전체가 깨끗했다. 내가 산다는 가정으로 보았을 때 충분히 살기 좋겠다는 생각이 든 그런 곳이었다.

차를 타고 시내를 돌아다녔는데 아쉽게도 주말이다 보니 근처 공인중개사 사무실은 문이 닫혀 있었다. 과연 광양 아파트 가격은 얼마에 형성되어 있을까? 궁금해지기 시작했다. 실제로 다녀와서 네이버 지도를 보니 새로운 느낌이었다. 지도의 위치와 실제 보았던 곳이 교차하면서 친근하게 느껴졌다. 하지만 일반적으로 부동산 거래 물건을 검색하는 네이버에서는 그 지역 물건이 광고되지 않았다. 그래서 찾아보니 그 지역은 교차로 사이트를 이용해 부동산을 거래하고 있었다.

부동산 광고하는 인터넷 사이트는 지역마다 차이가 있다. 대부분의 대도시는 네이버 혹은 다음 사이트 부동산란을 통해 광고하고 거래된다. 하지만 지역 중소도시는 다르다. 네이버 혹은 다음보다 오래전부터 사용하던 인터넷 사이트를 선호하는 곳이 있다. 교차로 혹은 벼룩시장 사이트 등이다. 광양의 경우가 그러했다. 지금은 광양도 네이버 부동산을 통해 대부분 거래되지만, 그 당시에는 교차로 사이트에서 모든 부동산 광고가 되었다.

그렇게 사이트에 접속해 매매 가격을 검토하기 시작했다. 성호2차 16평 아파트 가격이 4,000만 원으로 평당 250만 원 정도로 형성되어 있었다. 놀라웠다. 아직도 5,000만 원 이하의 아파트가 존재한다니. 불과 1년 전까지만 해도 5,500만 원에 거래되던 아파트였다. 하지만 지역 경기 악화로 4,000만 원 이하로 거래되고 있었다. 다들 팔려고 하지 사는 사람이 없었다.

아무리 생각해도 이해할 수 없었다. 평당 가격이 250만 원이라고? 만약에 그 아파트를 지금 다시 짓는다면 나올 수 없는 가격이다. 그리고 성호2차 아파트 준공 연도는 2003년으로(방문 당시 2013년) 불과 10년밖에 되지 않는 아파트였다. 노후 아파트도 아닌데 가격은 형편없이 낮았다. 그렇게 역발상 투자 지역과 말도 안 되는 평당가를 확인하고 투자를 고려하기 시작했다. 혹시나 투자를 잘못했다고 하더라도 손해는 크지 않을 것으로 예상했다. 가격이 더 내려 3,000만 원이 될 것인가? 평당 190만 원이라고? 절대 그럴 일은 없을 것이라 확신했다. 지금 매매 가격이 최저점이라 판단한 것이다.

투자금이 많지 않았기 때문에 실투자금이 적다는 부분 역시 마음에 들었다. 1채 사는 데 1달 월급 정도면 충분했다. 실제 매입은 전세를 끼고 살 예정이었다. 평균 매매 가격이 4,000만 원이었는데 전세는 3,500 정도 받고 있었다. 500 정도면 1채를 매입할 수 있었다. 만약 4,000만 원 이하로 거래할 수만 있다면 투자금은 더 줄어든다. 그렇게 방문 후 일주일 만에 첫 투자를 시작하게 되었다.

부동산 투자를 고려하기 시작하면 고민되는 것이 있다. 그것은 지역과 아파트다. 지역도 다양하고 아파트는 더 다양하다. 그러다 보니 어떤 지역, 어떤 아파트에 투자할지 감을 잡기 쉽지 않다.

지금까지 투자해오면서 느낀 점은 투자에도 순서가 있다는 점이다. 지역과 아파트 중 일단 지역부터 분석해야 한다. 인터넷 지도를 통해 확인할 수 있고 직접 방문하여 확인할 수 있으며 지역에 해당하는 기사 내용을 통해 확인할 수도 있다. 이런 행동을 통해 투자 매력도를 측정해보는 것이다. 지도를 보며 주변 도시와의 접근성과 입지를 확인하고 직접 방문하여 '내가 살 곳이라면'이라는 가정을 대입해본다. 그리고 지역 내 신규 투자 기사를 통해 향후 유입인구 및 발전 가능성을 예상해보는 것이다. 이런 과정으로 투자 적합성을 만족한다면 그때부터 어떤 아파트를 매입할지 고려해나가야 한다.

발전 가능성을 예상해보는 선행 노력 없이 아파트를 아무리 싸게 매입하더라도 매매가 상승에 대한 확신이 들지 않는다. 확신할 수 없다는 것은 실행을 더디게 한다. 그런 상태에서는 투자하기 어렵다. 하지만 지역 분석을 통해 향후 가치가 높아질 것으로 결론 내릴 수 있다면 말은 달라진다. 앞으로 집값이 오를 것으로 예상하는 상태에서 급매 물건을 놓치겠는가? 선행 분석 과정을 거친 후 투자를 고려해야 한다. 투자 전 해야 할 우선순위가 있는 것이다.

특히 지역을 분석하는 항목 중 추천하고 싶은 것은 실제 '방문하기'이다. 투자 전 지역 내의 느낌을 직접 느끼기 위해서 한 번은 꼭 가봐야 한다. 그렇게 여러 지역을 가본 누적된 경험은 앞으로 투자할 때 좋은 투자 자료로 변환된다.

예를 들어 A, B, C라는 저평가된 지역이 있다. 개별적으로 비교하면 보이지 않던 차이가 통합적으로 비교하면 투자 우선순위를 메길 수 있다. A는 B보다 좋지만, C보다는 별로다. C 〉A 〉B. 하지만 자신이 내린 결과대로 향후 매매가 추이가 따라오지 않을 수 있다. 중요한 것은 시간이 흘러감에 따라 집값은 변한다는 것이다. 집값의 흐름에 따라 자신이 이전에 내린 평가 항목을 수정할 수 있고 보완할 수 있다. 그렇게 그 경험이 누적되고 시간이 갈수록 투자 승률은 높아진다.

포항 상도 코아루 센트럴하임 분양권
투자 사례(13년 1월 28일 매입)

내가 가진 물건은 28층 최고층 중에 23층에 있다. 로열층에 확장형이라 인기가 좋다. 처음 계약 당시 계약금 2,000만 원 외에는 무이자 중도금 지원을 받았다. 추가 비용이 들지 않았다.

분양 가격: 21,860만 원

계약금: 2,000만 원(=투자금)

1년 차 분양권 가격: 2,000만 원(수익률 100%)

2년 차 분양권 가격: 5,000만 원(수익률 250%)

전세: 21,500만 원

순 투자금: 360만 원(=21,860만 원-21,500만 원)

로열층 기준, 입주일인 2015년 6월 이후 2016년 6월 최고점인 약 3억 1,000만 원에 거래가 되었다. 2019년 6월 약 2억 9,000만 원 정도에 거래되었다. 최고점 3억 1,000만 원을 기준으로 보면 약 9,000만 원이 올랐다. 360만 원 대비 25배인 약 2,500% 수익을 냈었고 현재 가격 약 7,000만 원이 올랐다고 본다면 19배인 약 1,900% 수익을 내고 있다.

심지어 최초 전세 계약 후 전세를 2,000만 원을 증액해 2억 3,500만 원으로 받고 있으니 투자금은 하나도 들지 않고 물건을 보유하고 있는 셈이다. 투자금이 제로라 수익률은 계산되지 않는다.

4년 차

우리의 인생은 늘 선택의 순간에

직면하게 된다. 그때 어떤 선택을

하느냐에 따라 인생은 달라진다.

해외 주재원 근무를 신청하다

한번은 친한 회사 동료와 이야기를 나눈 적이 있다. 그 친구는 20대 초반 군대 생활이 조금은 후회된다고 말했다. 입대 당시 군 동기들을 대상으로 해외 파병 지원자를 모집했다고 한다. 지원자가 미달이라 지원 즉시 해외 파병을 나갈 수 있었다. 그런데 그 당시 해외 파병은 위험할 것 같고 해외에 있는 것만큼 휴가도 자유롭지 않다는 생각에 그 친구는 결국 지원하지 않았다. 하지만 군대 동기 몇몇은 지원했고 그 후 시간이 흘러 전역식 날이 왔다.

해외 파병에서 돌아온 동기의 늠름해진 모습과 다른 계급장을 보고 왜 지원하지 않았을까? 라는 느낌을 받았다고 고백했다. 파병을 나갔더라면 더 어려운 생활을 보내야 했겠지만 결국 시간은 지나 있을 것이고 그 결과 해외 파병이라는 경험과 수당 3천만 원 정도를 모을 수 있었을 텐데 하며 아쉬움을 토로했다. 그러면서 덧붙였다.

"해외 근무 신청 잘하셨다. 저도 곧 신청하겠다."

그 얘기에 해외 주재원 근무 신청에 대한 확신이 들었다. 쉽지는 않겠지만 결국 이 시간은 지날 것이고 그 시간만큼 더 많은 성장을 이룰 것이라고.

우리의 인생은 늘 선택의 순간에 직면하게 된다. 그때 어떤 선택을 하느냐에 따라 인생은 달라진다. 선택한다는 것은 하나를 포기해야 한다는 것을 의미한다. 그래서 수많은 고민을 하게 된다. 어떤 선택이 최적의 선택일까? 하나를 포기하는 것만큼 다른 하나에 올인해야 하므로 선택을 하는 순간 전혀 다른 인생을 살게 된다.

해외 주재원 근무를 지원한 뚜렷한 동기는 세 가지였다.

첫 번째는 저축이다. 한국에서 저축 금액이 만족스럽지 못했다. 조금 더 모으고 싶었지만 늘 한계에 부딪혔다. 이제 막 역발상 투자처를 발견했지만, 생각만큼 매입할 수 없음에 답답함을 느꼈다. 이 해결책이 해외 주재원 근무가 될 것 같았다. 해외에 나가 있는 것만큼 한국과는 다르게 단절된 생활을 한다. 어떤 생활을 하느냐에 따라 모을 수 있는 금액은 달라지겠지만 이를 통제할 수 있다면 거의 모든 돈을 모을 수 있을 거로 생각했다. 그리고 단절된 그 시간을 나를 성장시키는 시기로 쏟고 그만큼 소비 제로로 만들자고 결심했다.

두 번째는 책이다. 일주일은 7일이다. 그중 자유시간을 가장 많이 확보할 수 있는 요일은 토요일과 일요일이다. 나는 그 시간을 스트레스 해소 시간이란 명목으로 낭비해왔다. 그래서 언제나 책을 읽어야지 하면서도 많이 읽지 못했다. 기껏해야 독서를 하는 시간은 평일 퇴근 후 잠깐이었다. 많지 않은 시간 동안 읽다 보니 1년에 몇 권 읽지 못했다. 해외에 가서 한번 주말을 마음껏 책을 읽는 시간으로 활용하고자 했다.

세 번째는 기술사 자격증 합격이다. 회사에서 생활하는 동안 대부분의 직원은 열심히 일한다. 하지만 그 성실함과 동시에 자신의 전문분야의 고급 자격증까지 취득하는 사람은 흔치 않다.

고급 자격증이라는 말은 그만큼 취득하는 데 어려움이 있다. 그 고급 자격증은 나에게 기술사였다. 사실 최초 해외 주재원 근무를 신청했던 동기는 이 기술사를 따는 것이었다. 아무리 생각해도 한국에서는 절대적으로 시간이 부족할 것으로 예상했다. 그래서 해외라면 맘껏 시간을 활용할 수 있을 것으로 생각했다.

그렇게 해외 주재원 근무를 시작도 하기 전에 전체적인 목표를 설정하게 되었다. 그리고 그렇게 실행했다.

성공적인 인생을 사는 법은 다양하다. 그 방법의 하나는 미리 사전 계획을 세워보는 것이다. 전체적으로 어떤 시간을 보낼지를 예상하고 무엇을 해야 할지 계획하는 것이다. 이 방법은 성공 확률을 높인다. 시작부터 시간을 효율적으로 사용할 수 있기 때문이다.

직장 생활 시작점부터 은퇴까지 계획을 세우는 것과 세우지 않는 것의 차이점을 보자. 신입 사원 시절에는 30년 뒤 은퇴 지점까지 계획을 세우기가 쉽지 않다. 많은 것을 고려해야 한다. 연봉, 가족계획, 진급 등 수많은 고려 항목이 있다. 그런 여러 상황을 고려하고 계획하기에는 많은 시간이 걸린다. 하지만 한 번

플랜을 짜는 것이 어렵지 그 후 어떤 변화를 만들 수 있을까? 시야가 넓어진다. 지금 단계에서 해야 할 것이 분명해진다. 그만큼 효율적으로 시간을 활용할 수 있게 된다.

예를 들어 주말에 무엇을 할지 정해놓고 시간을 보내는 것과 그렇지 않은 것의 차이와 같다. 정해놓으면 해야 할 것에 집중하는 것만큼 효율도 높아진다. 이처럼 같은 하루를 다르게 살게 된다.

하지만 계획을 세우지 않으면 딱 그것만큼 이것저것만 한다. 지금 이 시기 무엇을 우선순위로 둬야 할지 감을 잡기 어렵다. 열심히는 하지만 늘 성과가 나오지 않는 것과 마찬가지다. 같은 시간을 보내지만 다른 결과를 가져오게 된다.

나는 이 사실을 대학 시절에 깨달았다. 대학교 2학년 때 대학 졸업까지 계획을 세운 적이 있다. 그 계획을 이루기 위해 시간마다 집중했다. 그 결과 자격증 10개, 토익 900점, 공기업 취업, 카이스트 공모전 입상 등 수많은 만족스러운 결과를 낼 수 있었다. 미리 계획을 세우니 좋은 결과가 이어진다는 사실을 어렴풋이 느끼게 되었다.

이러한 경험을 투자에도 접목했다. 30대에는 무엇을 하고 40대, 50대, 60대 등 각 해당하는 1년 단위마다 무엇에 집중해야 할지 미리 계획을 세워뒀다. 그리고 그 결과가 하나둘 생기고 있다. 지금 이 책도 미리 세워뒀던 하나의 계획이다. 그 계획대로 이뤄지고 있다.

한번 미래의 계획을 세워보자. 형식은 없다. 자신만의 계획이면 충분하다. 비록 똑같이 이뤄지지 않을 수 있다. 그럼 세워놓은 계획을 수정하면 된다. 단순하다. 하지만 미리 계획을 세워보면 삶이 달라짐을 느끼게 된다. 삶을 다르게 보고 삶에 다른 행동이 이어진다.

해외에서 투자를 시작하다

기술사 공부와 독서는 남는 시간을 이용한다고 치더라도 부동산 투자를 해외에서도 할 수 있을까 하는 생각이 들었다. 그래서 이전 아파트 거래 당시를 떠올려보았다. 그 당시 근무했던 울진과 광양까지의 거리는 약 400킬로가 넘었다. 가는 시간만 6시간 정도 걸린다. 당연히 물건을 직접 보고 계약할 수 없었다. 싼 물건이 나왔을 때 큰 문제가 없다면 가계약금부터 넣어야 했다. 급매물은 금방 다른 사람이 가져간다. 그들이 직접 보고 계약할 때 나는 보지 않고 계약했다. 그래서 지금까지 수많은 급매물 계약을 간발의 차이로 체결할 수 있었다.

계약 후 직접 가서 물건을 보았다. 선 계약 후 물건을 보는 방식이었다. 다행히도 그때까지 문제는 없었다. 아파트 기준으로 큰 문제는 두 가지로 볼 수 있다. 첫 번째는 누수고, 두 번째는 보일러 교체다. 큰 비용이 나가는 문제를 큰 문제로 보는 것이다.

그 외의 하자는 공인중개사가 찍어서 보낸 사진으로 충분히 확인할 수 있다. 타일이 깨지거나 도배와 장판 상태는 충분히 사전에 확인할 수 있다. 직접 보지 않더라도 위 두 가지 큰 문제를 제외하고 나머지는 온전히 커버할 수 있다는 결론을 내리게 되었다.

일반적으로 부동산 계약 전 매수자는 공인중개사와 함께 매물을 보기 위해 동행한다. 그들과 함께 부동산 매물을 디테일하게 본다. 매수자는 일회성일지 모르지만, 공인중개사는 매일 부동산을 보고 또 본다. 그러다 보니 부동산 물건을 파악하는 데 전문가다. 어디를 어떻게 교체해야 세가 잘 나갈지 혹은 어디를 수리해야 할지 한눈에 파악할 수 있다. 공인중개사와 협의만 제대로 한다면 직접 볼 수 없는 것을 직접 볼 수 있는 것처럼 확인할 수 있다. 큰 문제를 사전에 피하게 되고 자연스레 시간과 비용을 절약할 수 있다. 이렇게 한국이나 해외나 보지 못하고 계약하는 것은 같다는 사실을 깨닫기 시작했다. 그리고 투자할 수 있겠다는 확신이 들었다.

지금까지 보유한 30채 중 97%가 직접 보지 않고 매수했다. 우려했던 누수 혹은 보일러 문제가 발생한 적도 있다. 하지만 30채 중 딱 2채에 지나지 않았다. 그것 역시 사고 나서 몇 년이 지난 후 문제가 발생했다. 그러니 그 문제는 매입 전 직접 내부를 보았다고 하더라도 확인할 수 없는 것이었다. 당시에 발생하지 않은 잠재 문제를 사전에 확인하는 것은 불가능하다.

또한 해외에서 매수할 물건을 확인할 때 공인중개사에게 사진 외에 부탁하는 것이 있다. 크게 수리해야 할 부분을 확인해 달라고 요청하는 것이다.

예를 들어 중고차를 매수하기 전 자동차 수리 전문가에게 총평을 들어보는 것과 마찬가지다. 수리 전문가는 매일같이 자동차를 점검한다. 같은 자동차를 보지만 우리는 볼 수 없는 것을 그들은 볼 수 있다. 직접 보지 못한 상태에서 매수하기 전 전문가의 의견에 귀를 기울여야 한다. 디테일한 사진과 큰 수리 유무 확인 요청으로 지금까지 큰 문제 없이 거래할 수 있었다.

앞으로도 나는 위와 같은 방법으로 매수해나갈 것이다. 직접 보지 않고도 확인해야 할 것은 확인할 수 있다는 사실을 안다. 그렇다면 투자 지역의 제약은 사라진다. 해외에서도 투자하고 있는데 그 어떤 한국 내 지역도 가능하지 않을까? 하나의 물건을 보기 위해 직접 가야 한다면 투자의 속도는 느려진다. 그 과정에서 비용 역시 추가된다. 중요한 것은 일반적인 접근 방법으로는 급매 물건을 잡을 수 없다는 것이다. 빠른 결정이 싸게 나온 물건을 확보할 수 있게 한다.

직접 봐야 한다는 생각을 바꿀 때 제약은 사라진다. 생각은 직간접 경험으로 변화시킬 수 있다. 본인 스스로 직접 보는 것과 보지 않는 것이 차이가 없다는 사실은 인지해야 한다. 그렇게 그 둘의 간극을 줄일 때 경계선은 사라지게 된다.

10in10 카페를 만나다

대학교 친구들과 카톡 방을 만들었다. 서로 간의 친목과 정보 교류 차원이었다. 그중 한 친구는 내가 재테크에 관심이 있다는 사실을 알고 재테크 카페를 소개해주었다. 다음 카페 '10in10'이었다. 때는 2014년 5월이었다. 이제 막 해외 주재원으로 근무하던 시기 그 카페를 접하게 되었다. 처음에는 텐인텐 카페? 이게 뭐지? 하다가 후에 알고 나서는 큰 충격을 받았다.

텐인텐 카페는 명실상부한 우리나라 최고의 재테크 카페다.

부자가 되는 등용문이자 난다 긴다 하는 투자 고수들의 집합체다. 이제라도 이 카페를 안 것이 다행이라는 안도감과 함께 하마터면 모를 수 있었다는 위기감을 느꼈다. 10in10이란 뜻은 10년에 10억을 만들기다. 2002년에 만들어진 이 카페에는 수많은 투자자가 실시간으로 자신의 노하우를 쏟아내고 있었다. 과거에 어떻게 투자했는지, 현재 어떻게 투자하고 있는지 등 10억을 달성해 가는 과정을 상세하게 서술했다. 이 카페는 그런 사람들의 정보 공유 창고였다.

텐인텐 카페 구성 자체가 신세계였다. 특히나 인상적이었던 것은 10억 달성 수기란이었다. 하나의 글로 자신의 10억 달성 과정을 요약해 놓았다. 그렇게 주변에서 찾기 힘들었던 투자자들을 글을 통해 만나게 되었다. 처음 가입하던 날 글을 바로 읽을 수는 없었다. 가입 후 정회원 절차도 까다로웠다. 5일이라는 시간 제약도 있었다. 그런데도 80만 명이 가입해 있다. 진정한 넘버 1 재테크 카페였다.

10억 달성 수기를 하나하나 읽는데 너무나 놀라운 감정을 느꼈다. 나름대로 공부를 열심히 한다고 생각하던 시골 학생이 하버드 도서관을 방문한 느낌이라고나 할까? 멍해졌다.

지금까지 열심히 살며 투자하고 있다고 자부했다. 하지만 훨씬 더 열심히 살고 더 열심히 투자하는 사람들이 존재한다는 것을 알게 되었다. 우리가 열심히 산다고 할 때 '열심히'는 개인적인 평가다. 그러다 보니 그 강도는 각각 달라진다. 자신의 범위 내에서 열심히 하는 정도가 정해지기 때문이다.

자신이 아는 범위를 넓히려고 노력할 때 객관적인 '열심히'를 달성할 수 있다. 그렇지 않으면 개인적인 생각에 머무를 수밖에 없다. 그때 '우물 안 개구리'라는 표현을 쓴다. 자신만의 기준 범위를 넓히기 위해서 많이 알아야 한다. 많이 알아야 더 노력하게 된다.

예를 들어 A, B, C라는 사람이 있다. A는 하루에 3시간 공부하고, B는 5시간, C는 7시간 공부한다고 하자. 그런 사실을 아는 D가 있다면 자신은 최소 5시간 이상은 공부해야 열심히 공부한다는 생각이 들지 않겠는가? 하지만 자신이 아는 A, B, C라는 사람이 각각 1시간밖에 공부하지 않는다면 어떤가? 하루에 1시간 이상 공부하면 스스로 열심히 한다고 생각하게 된다. 많이 알수록 객관적인 '열심히'를 달성할 수 있다.

텐인텐을 접한 것이 그런 느낌이었다. 객관적으로 열심히 사는 시각을 카페 글을 통해 알 수 있었다. 정말 열정적으로 투자한다는 것이 이들을 두고 한 말이구나 라는 생각이 들었다.

2014년 5월, 카페 가입 후 7개월 동안 카페의 거의 모든 글을 모조리 다 읽었다. 처음 읽을 때 컴퓨터로 파일화를 하여 중요 부위를 표시해서 저장해두었다. 언제든지 다시 볼 수 있게끔 만들어놓은 것이다. 누적된 자료가 방대해 시간은 다소 걸렸지만, 전체 자료를 읽고 정리한 작업은 의미 있는 시간이었다.

우리는 투자를 공부하고 시작하다 보면 외로움이라는 어려움을 거친다. 주변에 같은 목표와 같은 행동을 하는 사람을 만나면 동질감과 위안을 얻을 수 있다. 내가 가는 길이 맞는다는 확신을 갖게 된다. 하지만 그런 사람들이 주변에 없을 때 우리는 의문이 생긴다.

'과연 내가 가고 있는 길이 정말 맞는 길일까?'

'주변 동료들처럼 그들과 같은 삶이 맞는 것이 아닐까?'

이렇듯 스스로 수많은 질문을 만든다. 다수와 다른 삶을 살 때, 그리고 그 성과가 미비할 때 우리는 확신보다 회의감을 갖고 이때 우리는 외로움을 느낀다.

이를 극복하기 위해서 자신과 비슷한 행동을 하는 사람 혹은 그 행동으로 성공한 사람을 만나게 되면 힘을 얻게 된다. 직접 만나면 제일 좋다. 글을 통한 간접적인 만남 역시 큰 도움이 된다. 글을 읽으면 그들 역시 나와 같은 비슷한 고민을 하고 있음을 깨닫기 시작한다. 그리고 내가 가는 길이 맞구나 하며 확신하게 된다.

텐인텐 카페는 그런 힘이 있다. 재테크를 하는 도중 느끼는 외로움을 글을 통해 위안을 얻을 수 있다. 그렇게 계속 도전할 수 있게 만든다.

10억 달성에 집중하다

나는 취업 준비를 할 때 몇 가지 방법으로 단기간에 공기업에 취업할 수 있었다.

첫 번째, 원하는 기업을 정했다.

두 번째, 그 기업에 취업한 합격생들의 합격 수기를 모았다.

세 번째, 합격 수기를 분석했다(어떻게 합격했는지 그에 관한 방법, 마인드, 스펙 등을 벤치마킹하기 위해서).

네 번째, 합격 수기의 순위를 매겼다. 이 순위는 내용의 충실도와 단기간의 합격자를 우선시했다. 즉 빨리 합격하면서도 그

내용이 충실했던 합격 수기가 1위가 되었다.

다섯 번째, 순위 1위부터 3위까지 3개의 합격 수기를 매번 읽고 마음을 다시 잡았다.

27살 입사 당시 동기들 대부분은 30대 이상이었다. 준비해야 할 것이 많아 몇 년간 준비해서 입사한 동기들이 많았다. 전공 시험부터 시사, 논술, 인·적성, 면접시험 등을 통과해야 합격할 수 있었기 때문이다.

나는 인생이 확률 게임이라 생각한다. 어떤 목표를 달성하는 것에 100% 확률은 존재하지 않는다. 그만큼 목표를 달성할 수 없는 확률도 존재한다. 우리가 할 수 있는 것은 단지 성공의 확률을 높이려는 노력뿐이다. 그 확률을 높이는 방법의 하나가 합격자의 수기를 모으고 이를 벤치마킹하는 것이다.

우리의 인생은 유한하다. 주어진 시간 안에 최대의 성과를 내야 한다. 자신이 찾아서 가는 새로운 길은 검증된 적이 없음으로 시행착오를 거칠 확률이 높다. 하지만 성공자가 걸었던 길을 가는 것은 실패할 확률을 낮출 수 있다. 한 번은 검증되었기 때문이다. 그래서 합격 수기를 벤치마킹하는 것이 최단기간 합격하는 방법이라 확신한다.

재테크에도 이 방법을 적용했다. 취업과 마찬가지로 10억 목표 역시 최단기간에 달성하고 싶었다. 그러기 위해 합격 수기를 이용한 벤치마킹 법을 최대한 활용하기로 했다. 일단 텐인텐 카페에서 10억 달성 수기를 최대한 많이 모았다. 그리고 이를 읽고 분석했다. 그들이 목표를 달성했던 방법과 마인드를 확인하기 위해서였다. 여러 10억 달성 수기를 읽게 되자 빠르게 목표를 달성했던 사람들의 공통점을 발견했다. 그것은 사회 초년생부터 부동산에 투자했다는 점이다. 다시 한번 부동산 투자에 대한 확신이 들었다. 그리고 입사 후 어떤 삶에 집중하느냐에 따라 그 이후의 삶은 달라진다는 사실을 분명히 확인했다.

그렇게 모아놓은 수기에 순위를 매기기 시작했다. 순위의 기준은 취업 수기처럼 내용의 충실도와 달성 기간을 중점적으로 두었다. 가장 빨리 달성하고 내용이 좋은 글을 1위로 매겼다. 10억 달성 수기 1위부터 10위까지에 해당하는 글을 계속 반복해서 읽었다.

나는 10억 달성 수기 벤치마킹 법으로 텐인텐 카페에 가입한 지 3년 4개월 만에 10억을 달성했다. 수많은 사람이 하나 같이 이 방법으로 자신의 목표를 달성하고 있다. 우리나라 최초로 3개 고시를 패스한 고승덕 변호사는 사법고시를 준비할 당시 합격 수기를 모으는 것부터 시작했다. 시작하기 전 공부 설계에 집중했고 단기간에 사법고시에 패스할 수 있었다. 같은 방법으로 외무, 행정고시까지 연이어 합격하였다. 16배속 공부법의 일본 저자는 고등학교 2학년까지 학교 내에서 하위권 성적이었다. 하지만 1년 만에 도쿄대에 입학할 수 있었던 것 역시 합격 수기를 활용했기 때문이다.

합격 수기를 읽는 것은 특히 심적으로 힘들 때 도움이 된다. 취업을 준비하던 당시 주위에 공기업을 목표로 하는 친구가 하나도 없었다. 다들 사기업만 준비하였다. 그래서 외로웠다. 그때 합격 수기가 큰 위안을 주었다. 그 속에는 그들 역시 그런 외로움과 어려움이 담겨 있었다. 이를 극복했기에 목표를 달성할 수 있었다는 글을 읽을 때마다 힘이 났다. 나도 이를 극복하고 그들과 같은 성공의 기쁨을 느끼리라 다짐할 수 있었다. 그런 다짐이 집중력을 유지하는 데도 큰 도움을 주었다.

10억 달성도 마찬가지였다. 언제나 그렇듯 노력한 만큼 성과가 만족스럽지 못할 때 좌절한다. 재테크는 시간과 비용을 투자한 것만큼 성과가 미비한 초반에 포기하기 쉽다. 그때도 10억 달성 수기가 도움이 되었다. 10억 달성 수기의 주인공들은 수많은 어려움을 거쳤다. 종잣돈을 모으기 위해 퇴근 후에 대리운전해야만 했고, 남들이 소비할 때 극도의 절약 생활로 손가락질도 받아야만 했으며 그렇게 모았던 종잣돈을 투자해서 돈을 날리기도 하는 등 큰 위기 상황에 맞닥뜨렸다. 그런데도 그들은 포기하지 않았다. 천천히 하지만 꾸준히 한 걸음씩 걸어 나갔다. 그렇게 빠르게 10억을 달성했던 그들의 인생 스토리는 큰 감동을 주었다.

'나도 언제일지 모르지만 10억 달성 수기를 쓰리라. 그리고 꼭 10억 달성 과정에 어려움을 겪고 있는 수많은 도전자에게 희망이 되고 싶다'는 생각을 수없이 했다. 그렇게 계속 목표에 집중할 수 있었던 것은 합격 수기를 통해 마인드 세팅을 매번 새롭게 할 수 있었기 때문이다.

인생을 열심히 사는 사람들의 감동적인 이야기를 듣게 되면 우리 역시 열심히 살아야겠다고 생각한다. 하지만 다시 일상으로 돌아오면 금세 잊어버리고 똑같은 삶을 살게 된다. 하지만 동기부여를 의도적으로 할 수 있는 장치를 마련하면 어떨까? 열정적인 마음을 지속하는 시간을 의식적으로 증가하게 할 수 있다. 그 장치가 바로 성공 수기다.

투자 밑그림을 그리다

해외 주재원 근무 1년 차에 어떤 투자를 해야 할지 고민하기 시작했다. 단기 투자가 아닌 장기적인 관점에서 투자해나가고 싶었다. 일단 기존 역발상 투자처인 광양 투자에 집중하기로 했다. 현재는 투자 분위기가 좋지 않지만, 나중엔 좋아질 것이라 기대했기 때문이다. 그리고 적은 돈으로 한 채를 매입할 수 있는 것 또한 주요했다. 300~500만 원에 한 채라면 그렇게 무리하지 않고도 채 수를 늘려갈 수 있었다.

본격적으로 투자하기 전 계획을 세웠다. 일단 갭 투자로 최대한 물건을 확보한 후에 전세 만료 기간에 맞춰 이를 하나둘 월세로 바꾸는 장기 플랜을 세우게 되었다. 그림으로 치면 갭 투자는 스케치고 월세 전환은 채색이다. 그렇게 밑그림을 그리기 시작했다.

갭 투자하는 동안 가상 시나리오를 세웠다. 매매 가격이 급락한 아파트는 그 급락한 이유가 해소될 때 다시 그 원 가치를 찾을 것이다. 급락한 원인 해소가 먼저다. 그 후 가격은 자연스레 오를 것이고 2년간의 전세가 만료될 때쯤 가격은 상향 조정될 것이다. 그러면 평균 매매 가격이 상승한 만큼 담보대출 규모 역시 증가하게 된다. 다행히도 2014년 7월 LTV, DTI가 60%에서 70%로 증액되면서 대출 규모가 늘어났다. 망설일 이유가 없었다. 그렇게 투자를 하기 시작했다. 나는 이 시기를 벼랑 끝 투자 기간이라 부른다.

2014년 5월부터 2015년 5월까지 10채를 샀다. 싸게 나온 물건은 큰 하자가 없다면 바로 계약했다. 직장인의 투자금 확보처는 단순하다. 월급이 전부다. 이 월급을 어떻게 쓰느냐에 따라 투자금은 달라진다. 그 당시 최대한 투자 자금을 마련하기 위해 월 생활비는 10만 원 이하로 맞췄다. 아니 평균 3만 원으로 생활했다. 인생의 큰 전환점으로 생각한 만큼 안 쓰고 안 입고 안 먹고 모든 돈을 모았다. 그리고 이를 순전히 투자하는 데 사용했다.

한 채를 많게는 4,000만 원에서 3,800만 원 정도의 매매 가격에 매수했다. 평균 전세금이 3,500만 원이었으니 순 투자금 300~500만 원으로 매입할 수 있었다. 전세를 끼고 사는 것만큼 투자금이 크지 않았다.

전속 공인중개사와 손발이 잘 맞았다. 손발이 잘 맞았다는

●TIP

- LTV(주택담보대출비율): 집을 담보로 얼마까지 돈을 빌릴 수 있는지의 비율

- DTI(총부채상환비율): 연 총소득에서 매년 갚아야 하는 원금, 이자 및 기타 대출 상환금이 차지하는 비율

- DSR(총부채원리금상환비율): 전체 대출에 대한 원리금 상환액을 연 소득으로 나눈 비율

말은 그 공인중개사의 협상력이 뛰어났다는 것이다. 나는 평균 매매 가격 이하의 매물만 골랐다. 저렴하게 나왔지만 50에서 100만 원 정도는 더 깎아서 거래했다. 100만 원은 절대 적은 돈이 아니다. 갭 투자로 크게 500만 원 정도 투자금이 들었으니 100만 원만 깎아도 순 투자금은 500만 원에서 400만 원으로 줄어든다. 20%만큼이나 투자금을 줄일 수 있다. 절약된 비용은 추가 투자금으로 쓴다.

그만큼 매매가 협상이 중요했다. 협상 당시 그냥 깎아달라고 하기보다 이유를 붙였다. 매매 잔금일을 당긴다거나 수리해야 할 부분을 언급한다거나 외지 사람인 것을 언급해서 협상의 여지를 만들었다. 그렇게 가격을 낮추면 지체 없이 가계약금부터 입금했고 잔금일에 소유권을 이전했다. 그렇게 급매 가격으로 계속 매수해나갔다.

투자하기 전 어떤 투자를 해나갈지 장기 플랜을 짜보는 것을 추천한다. 미래 장기 플랜을 계획하는 것은 어떤 투자를 해야 할지 생각하게 만든다. 그 생각이 계획을 만들고 실행으로 이어질 수 있게 한다. 나는 장기적으로 전세를 월세로 전환할 예정이었다. 그래서 오르기 전 싸게 부동산 채 수를 늘리는 데 집중했다. 이를 위해 급매 물건을 최대한 빠르게 계약해야 했다. 단기간 수많은 거래를 아래와 같은 순서로 매수해나갔다.

●TIP

급매 물건 거래 순서

1. 평균 매매가 이하의 물건을 발견

2. 카톡으로 공인중개사에게 연락

3. 매수할 의사를 이야기하고 내부 사진을 요청

4. 내부 사진 및 추가 수리 비용 확인

5. 등기부 등본 체크

6. 가격 협상

7. 가계약금 입금

8. 계약서 작성 초안 요청 및 확인

9. 전세 광고

10. 전세자에 맞춰 소유권 이전

운이 좋았다. 공격적인 갭 투자였던 것만큼 매매 가격 하락이 발생했다면 좋은 결과를 이루지 못했을 것이다. 레버리지 효과는 가격이 상승할 때 이익이 극대화되지만, 가격이 하락하면 그 손해 역시 극대화된다. 그만큼 신중히 판단하고 투자해야 하는 게 갭 투자다.

누군가 내게 다시 한번 같은 상황에서 어떤 행동을 하겠냐고 질문한다면 또다시 그렇게 하겠다고 답할 것이다. 부동산 투자 1년 차에 매매가가 오른 부동산을 보며 기회가 지나갔음을 안타까워했었다. 그런 상황에서 내려가 있는 부동산을 보며 망설일 수 없었다. 그 순간 판단하고 선택해야 했다. 다시금 아파트 가격이 회복되어 후회하고 있는 내 모습을 보고 싶지 않았다. 또한 한 번은 과감한 도전이 필요하다고 생각했다. 내 인생에 도약 점을 만들기 위해서 무언가 성과가 필요했다. 30대 초반인 것만큼 잃는다고 하더라도 다시 채우면 그만이었다. 그만큼 빨리 시작했기 때문에 회복할 수 있는 시간적인 여유가 있었다. 상황이 예상과 다른 결과로 이어진다면 평생 월급쟁이로 남을 것이고 판단이 옳다면 10억을 조기에 달성할 수 있다고 각오를 다졌다.

10채 구매 내용

순 투자금: 6,928만 원

순 이익금: 30,410만 원

순 수익률: 438.9%

다음 표를 보면 같은 성호2차 아파트 임에도 매수 가격은 각각 다르다. 치열한 협상 과정을 거쳤기 때문에 더 싸게 매입할 수 있었다. 협상 과정에서 매매 가격을 낮춘다면 순 투자금은 적고 투자 수익률과 월세 수익률은 높아진다.

	아파트	매매 가격	전세금	순 투자금	현 매매 가격	수익률	현재 현황
1	성호2	4,100	3,500	600	7,050	491.7%	전세 5,700 증액
2	성호2	3,900	3,500	400	7,050	787.5%	전세 5,700 증액
3	성호2	3,500	3,200	300	7,050	1183.3%	월세 수익률 약 14%
4	성호2	4,000	3,500	500	7,050	610.0%	월세 수익률 약 10%
5	성호2	3,890	3,500	390	7,050	810.3%	월세 수익률 약 10%
6	성호2	3,900	3,500	400	7,050	787.5%	월세 수익률 약 11%
7	성호2	4,000	3,500	500	7,050	610.0%	월세 수익률 약 11%
8	성호2	3,450	대출 70%	867	7,050	415.2%	월세 수익률 약 24% (순 투자금 전액 회수)
9	남양	8,450	대출 70%	2,871	12,000	123.7%	월세 수익률 약 12% (4년 후 투자금 회수 예정)
10	남양	3,900	3,800	100	5,100	1200.0%	월세 수익률 약 9%
합계		43,090		6,928	73,500	438.9%	

5년차

떨어지고 있는 매물을 투자하기는

쉽지 않다. 하지만 그때 투자했던

현명한 투자자들은 달콤한

열매를 음미하고 있다.

100채 매도자를 보고 흔들리다

해외 주재원 근무 동안 1년에 3회 휴가를 갈 수 있었다. 한국에 들어오는 그 3회는 나에게 너무나 중요했다. 한국에서 반드시 해야 할 일을 기간 내에 전부 처리해야만 했기 때문이다. 최대한 이때를 활용해야 했다. 그래서 휴가 출발 몇 주 전부터 스케줄 표를 만들었다. 그 표에는 해야 할 일을 첫째 날, 둘째 날 등으로 나누어 빼곡하게 채웠다.

특히 벼랑 끝 투자 기간이었던 그 당시에는 투자 지역을 들개처럼 뛰어다녀야 했다. 그렇게 바쁜 휴가 기간을 보내던 중이었다. 아파트 매입 차 들른 공인중개사 사무실에서 놀라운 이야기를 듣게 되었다.

그 공인중개사는 특이한 사례라며 A4용지 5장을 보여주었다. 그 용지에는 매도자가 보유한 아파트 매물 하나하나가 표로 정리되어 있었다. 각각에 해당하는 아파트 전세는 얼마고, 월세는 얼마며, 계약 기간은 언제까지인지 등이 포함되어 있었다. 또한 그 해당하는 물건의 매도 가격을 얼마로 예상한다는 등의 내용이 일목요연하게 정리되어 있었다. 나는 이것이 무엇이냐고 물었고 매도를 고려한 투자자의 물건이라는 사실을 알게 되었다. 즉 그 지역 내 100여 채 소유자가 한꺼번에 자신의 물건을 매도하기 위해 작성한 리스트를 각 부동산에 뿌려놓은 것이었다. 이렇게 한꺼번에 파는 이유를 물었지만, 그 이유는 알지 못했다.

100여 채를 매도하려는 매도자와 그 지역에 본격적으로 투자하려는 자의 만감이 교차했다.

그 매도자는 100여 채를 팔 정도로 부동산 보유 수가 많았다. 이 매도자가 고수인지 아닌지는 알 수 없었으나, 이 정도로 물량을 보유했다는 것을 미루어보아 오래전부터 투자했다는 것과 나보다 투자 경험이 많다는 것은 분명한 사실이었다.

'내가 볼 수 없는 것을 그는 보고 있는 것일까? 그는 왜 갑자기 자신의 보유 물량을 한꺼번에 매도하는 것일까?'

나는 이제 막 이 지역 투자에 올인하고자 했기 때문에 흔들리기 시작했다.

그 사실을 알고 돌아온 후 다른 사람들에게 100채의 매도자 얘기를 했다. 대부분 비슷한 반응이었다.

"그렇게 자신의 보유 물량을 한꺼번에 매도할 정도면 그 지역이 앞으로 가망 없는 거 아니겠나? 고수로 보이는 사람이 자신의 물건을 정리하고 있는 상황에서 투자하는 건 위험한 것 같은데."

매도의 이유를 알지 못하자 답답함을 느꼈다.

앞으로 투자를 하다 보면 급하게 파는 물건을 접할 때가 있다. 내 경험으로써 그런 물건은 다 사연이 있었다. 크게 두 가지 이유로 나눌 수 있다.

첫째, 상속이다. 갑작스러운 사망으로 고인의 세금을 줄이기 위해서 빠르게 매도하는 물량이 존재했다.

둘째, 투자 실패로 급전이 필요할 때다. 자신의 여윳돈으로 주식에 투자한 경우가 많았다. 그 결과 예상치 못하게 주식 가격은 내려갔고 돈이 급히 필요한 상황이 되자 보유한 부동산을 빠르게 매도하는 것이다. 언제나 그렇듯 급하게 팔아야 할 때 제값을 받지 못한다. 울며 겨자 먹기로 자신의 부동산을 헐값에 내다 팔게 된다. 100채 매도자는 이 두 가지 사례 중 하나에 포함될 것이다. 추후 혹시나 우려했던 문제는 발생하지 않았다.

역발상 투자, 뚜렷한 확신이 필요하다

일반적으로 소비자들은 빅 세일 기간에 상품을 사려고 몰려든다. 미국 블랙프라이데이와 중국 광군제 기간이 그렇다. 이전보다 할인된 가격은 소비자가 대량 구매를 하도록 유도한다. 싸게 사는 것이 이득이라는 메시지를 전달하기 때문이다. 이 이익을 느끼는 근거는 할인 전 가격이다.

이런 가격에 대한 반응은 투자에도 적용될까? 그렇지 않다. 부동산 매매 가격이 내려가면 할인해서 산다는 개념을 대입하지 않는다. 대신 '더 떨어질지 모른다'는 손해로 인식하게 한다. 이런 상황에서 더욱 투자하지 못하게 된다. 투자하지 않는 근거 역시 과거의 가격이다. 어제 혹은 한 달 전 하락했던 매매 가격이 뚜렷한 근거가 된다. 확정된 과거 사실을 통해 더욱 확신한다.

'지금 투자하면 안 된다.'

그 반대 상황은 다르다. 주변 집값이 오르기 시작하면 앞으로 더 오를 것 같은 기대감 때문에 투자하게 된다. 이때 역시 근거로 작용하는 게 이전 집값이다. 어제도 올랐고 일주일 전에도 올랐으며 한 달 전에도 올랐다. 이처럼 내려갈 것을 예상하지 않을 때 일반 투자자들은 움직인다. 자신도 상승하는 가격 흐름에 편승하기 위해 투자하는 것이다.

'지금은 투자해야 한다.'

가격은 수요와 공급의 법칙을 따른다. 매수하려는 사람이 몰릴 때 부동산 매매 가격은 상승한다. 반대로 매도하려는 사람이 몰리면 매매 가격은 내려가게 된다. 떨어지고 있는 매물을 투자하기는 쉽지 않다. 하지만 그때 투자했던 현명한 투자자들은 달콤한 열매를 음미하고 있다. 우리나라 평당 가격이 가장 높은 곳은 명동의 네이처리퍼블릭 건물이다. 평당 6억이 넘는다. 언제 샀는지 아는가? 1997년 IMF 때였다.

나는 역발상 투자 지역인 광양에 본격적으로 투자하기 전 매매가 하락 현상을 다양한 관점에서 해석하였다. 투자금을 잃지 않으려면 투자는 신중해야 한다. 투자 지역에 대한 확신이 들지 않는 상태에서 올인 투자를 할 수 없다. 포커 카드 게임에서 그냥 감으로 올인을 외치겠는가? 최대한 경우의 수를 계산해 자신이 이길 확률이 높아 보이는 확신의 순간에 올인해야 한다. 나는 투자의 승률을 높이기 위해 근거부터 모았다.

광양이라는 지역의 주된 사업은 철강이다. 광양제철소 포스코 산업이 주된 산업 기반이다. 이로 인해 그 지역 내 수많은 중소 철강 업체가 존재한다. 철강의 주된 수요처는 조선 산업이다. 그런데 내가 투자를 시작했던 2014년 당시 원유 가격 폭락으로 조선 산업의 수주량은 급락하기 시작했다. 조선 산업은 대형 시황 산업에 포함된다. 이 대형 사업은 많은 노동력과 대형 설비로 구성된다. 그런데 작업 물량이 줄어든다고 하더라도 쉽게 유동적으로 이에 대응할 수 없다. 타이태닉호와 1t 요트 중 어떤 배가 더 빠르게 진행 방향을 바꿀 수 있을까? 몸집이 커질 수록 추진력은 좋을지라도 상황 변화에 빠르게 대응하기 어려워진다. 이런 이유로 경기가 좋지 않을 때 직격탄을 받는다. 이 시기 자금력이 있는 대기업들은 살아남지만, 중소업체는 하나둘 무너진다. 회사는 몇 번에 걸쳐 근무 직원을 정리하기 시작한다. 그렇게 지역 내 상주하던 거주민은 하나둘 그 지역을 떠난다. 딱 그 상황에서 철강 산업이 호황일 때 분양했던 아파트 입주 물량까지 겹쳤던 시기가 그 당시였다. 두 가지 악재, 좋지 않은 경기와 입주 물량이 한 시기에 몰렸다.

나는 이 역발상 투자 지역에서 이 두 가지 악재만 해소된다면 자연스레 가격은 예전처럼 다시 회복될 것으로 내다봤다. 내가 주로 투자했던 아파트는 광양 중동 성호2차로 2012년 당시 5,500만 원까지 올랐던 물건이다. 하지만 가격이 하락해 4,000만 원 초반대에 형성되어 있었다.

경기가 다시 좋아지고 입주 물량이 해소되는 것은 거주 인구 증감도를 보면 알 수 있다. 즉 경기 회복과 거주 인구의 증감은 같은 방향이다. 그럼 이를 예측할 수 있어야 한다. 거주 인구가 늘어날 수 있는 상황은 무엇이 있을까? 그 지역이 발전해야 한다. 지역이 발전한다는 것은 그 지역 내 기업의 투자가 이어지는 것을 말한다.

경제자유구역마다 경제청이 있다. 경제청이 있는 곳은 총 여덟 군데다. 그중 광양이 포함된다. 타 경제청(인천, 부산 진해, 대구, 경북 등)에 비해 규모는 큰 편은 아니었다. 하지만 그 8개 경제청 중 매년 상위 평가를 받고 있었다. 2010년부터 2015년까지 2014년도를 제외하고 성과 평가 2위를 달성하였다. 다른 경제청과의 경쟁에서 상위 평가를 받을 수 있는 것은 상대적인 노력의 정도와 성과가 뒷받침됨을 의미한다. 나는 여기에 주목했다. 광양 경제청의 노력도는 특별했다. 지금은 경기가 나쁠지라도 이 노력도를 바탕으로 머지않아 큰 성장을 예상해볼 수 있었다.

한 지역에 투자하려면 경제적인 상황뿐 아니라 정치적인 상황까지 고려해야 한다. 전남 지역 내 정권이 바뀌었다. 2016년 총선에서 여당 후보가 당선되었다. 그 당시 굉장한 이슈였다. 26년 만에 야당 텃밭에서 여당으로 지역 내 집권당이 바뀐 것이다.

나는 이 사실에서 예상한 것이 있다. 26년 만에 정권이 바뀐 것만큼 성과를 내야 한다. 이전 국회의원과 같은 결과를 낸다면 변화를 원하는 지역 민심을 잡을 수 없다. 그만큼 당내에서도 그 지역에 더 많이 신경을 쏠 것이다. 그래서 조금이나마 투자 위치 선정에 여지가 있는 국가산업 혹은 일반산업은 충분히 반영될 수 있으리라 생각했다. 타지역보다 이 지역 내로 흡수될 수 있는 혜택이 많을 것으로 봤다.

● TIP

인구 증감도 확인 방법

KOSIS 국가통계포털->국내통계->주제별통계->인구·가구->주민 등록인구현황->행정구역(읍, 면, 동)별/5세별 주민등록인구(2011년~)

a. 행정구역(읍, 면, 동)별 - 1레벨(남도), 2레벨(시, 군), 3레벨(읍, 면, 동) 선택

b. 5세별: 계 체크

c. 시점: 해당 시점 선택

d. 엑셀 파일 다운

내가 본격적으로 역발상 투자를 했던 곳은 광양의 중마동이

었다. KOSIS 국가통계포털에서는 동별 인구 증감도를 월별로 확인할 수 있다. 따라서 투자 후 주기적인 인구 변동 자료 검색을 통해 앞으로 매매가 상승을 예상할 수 있었다. 첫 투자를 했던 2013년 이후 인구가 줄었던 월도 있었다. 하지만 전체적인 인구 증감 흐름은 우상향했다. 계속 인구가 유입되고 있음을 주민등록 인구 현황으로 확인했다. 첫 투자 당시인 2013년 광양 중마동 인구는 52,143명이었다. 하지만 2019년 5월 인구는 58,343명으로 약 11.9% 증가하였음을 알 수 있다.

이와 같은 뚜렷한 근거는 확신을 만든다. 그리고 그 근거로 주변 상황에 흔들리지 않고 장기 투자를 할 수 있게 된다.

전세를 월세로 전환하다

2013년부터 시작한 역발상 투자 아파트는 2년 후 전세 만료가 도래했다. 지금까지 갭 투자로 최대한 보유 채 수를 늘리는 데 집중했다면 이제부터는 선택해야 했다. 첫 번째는 전세 계약 연장이고, 두 번째는 전세를 월세로 전환하는 것이었다.

매매 가격이 상승할수록 전세금도 높아진다. 이 경우 계약 만료 때 전세금을 증액 후 계약을 연장할 수 있다. 전세금이 증가함에 따라 투자금은 회수되고 이 금액으로 또 다른 투자를 고려할 수 있게 된다. 그렇게 자산은 계속 증가한다.

하지만 부동산 가격이 상승하지 않는다면 말은 달라진다. 아무리 많은 채 수를 보유하더라도 추가적인 소득은 없다. 이익을 얻기 위해 매매 가격이 오를 때까지 인내해야 한다. 가격 상승을 예상하고 투자했지만, 그 시기까지 자신이 선택할 수 없다. 상승 타이밍까지 버티기 위해서는 다른 구조를 만들어야 한다. 나는 이를 위해 전세를 하나둘 월세로 전환했다. 매매 가격 상승 없이도 지속해서 수익을 창출하는 방법이 월세화다.

갭 투자는 매매 가격과 전세금의 차액만큼만 필요하다. 적은 비용으로 투자할 수 있다. 하지만 월세 전환은 기존 전세자의 전세금을 다시 돌려줘야 한다. 전세를 월세로 바꾸는 과정에서 비용 확보 문제에 부딪힌다. 월세 전환은 큰 비용을 필요로 한다. 나는 그 비용을 마련해야 했다.

나는 그 당시 해외 주재원 근무 중이었다. 해외 주재원 근무 동안 회사에서 사택과 식사가 제공되었는데 그만큼 거주 비용과 식비를 아낄 수 있었다. 또한 근무 현장이 대도시와 400km

정도 떨어질 정도로 오지에 위치했다. 스스로 밖을 나가지 않는다면 소비 제로를 만들 수 있었다.

하지만 일주일 동안 적막한 환경에서 아무것도 하지 않는다는 것은 쉬운 일은 아니다. 주변 동료들은 오지에 근무했기 때문에 주말에는 놀아야 한다고 생각했다. 그리고 실제로 그렇게 했다. 하지만 나는 월세 전환에 필요한 비용을 마련하기 위해 극도의 절약 생활을 이어갔다. 돈을 쓰지 않는 가장 좋은 방법은 밖을 나가지 않는 것이다. 30대 초반 혈기왕성한 나이에 대부분의 시간을 숙소 내에서 보냈다. 실제 한 달에 3만 원도 쓰지 않았던 적도 있었다. 힘들었던 적이 왜 없었겠는가? 하지만 목표를 달성하기 위해 피할 수 없던 선택이었다. 그렇게 모든 돈은 순전히 월세화 자금으로 쓸 수 있었다.

집값 상승에 따라 전세금이 증액되듯 받을 수 있는 대출금 역시 증가한다. 평균 매매 가격의 % 만큼 대출금으로 잡히기 때문이다. 하지만 매가 상승이 없다면 대출금 역시 증가하지 않는다. 2015년 당시만 해도 역발상 투자 지역에 투자했던 물건의 평균 매매 가격은 변동 사항이 없었다. 2년 전 평균 매매 가격에 샀다면 그때나 지금이나 대출금은 그대로다. 하지만 매가 상승

없이도 대출금을 증액시킬 수 있었다. 급매 물건을 싸게 매입했기 때문이다.

예를 들어 KB 부동산 시세 평균 매매 가격이 1억 원인 아파트가 있다고 하자. 한 매수자는 급매 물건 9,000만 원짜리 아파트를 발견하고 계약했다. 이 아파트를 LTV, DTI 70%로 대출을 받는다면 얼마의 대출을 받을 수 있을까?

여기서 70%의 기준은 둘로 나뉜다. 평균 가격 1억 원의 70%와 실제 매매 가격 9,000만 원의 70%다. 답은 9,000만 원의 70%다. 즉 6,300만 원 만큼만 대출을 받을 수 있다. 대출금은 평균 매매 가격과 매수 가격 중 더 적은 금액을 기준으로 한다. 따라서 실제 대출액은 1억의 70%인 7,000만 원과 비교해 700만 원 만큼 차이가 나게 된다.

같은 상황에서 9,000만 원 급매 아파트 매입 후 전세를 주고 전세 만료 때 같은 대출을 받는다면 어떨까? 그때 대출 기준은 평균 매매 가격이다. 평균 매매 가격 1억의 70%인 7,000만 원을 대출받을 수 있다.

결론은 평균 매매 가격이 같다는 기준에서 싸게 산 물건은 우선 전세를 주고 전세 만료 시 대출받는 게 더 유리하다.

실제로 선 전세 후 월세화는 좋은 선택이었다. 돈이 없었기 때문에 전세부터 투자했다. 돈이 없었기 때문에 급매물만 매입했다. 돈이 없었기 때문에 4,000만 원대 매물에 집중했다. 돈이 없기 때문에 했던 선택이 결과적으로 더 좋은 결과를 얻게 되었다.

싸게 살수록 갭 투자의 투자금은 줄어든다. 또한 월세 전환에도 더 많은 대출금을 확보할 수 있다. 이는 고스란히 월세 수익률에 반영된다. 대출금이 많아질수록 순 투자금은 줄어들고 수익률은 높아진다. 따라서 매입할 때 최우선으로 싸게 사는 데 집중해야 한다.

월급쟁이의 최대 무기, 신용을 이용하다

직장인은 돈이 많지 않다. 월급은 적고 나가는 돈은 많기 때문이다. 월급이 적은만큼 모을 수 있는 돈도 한정적이다. 그래서 자신이 저금한 돈만 투자해서는 그 한계가 뚜렷해진다. 지렛대 원리를 이용해야 한다. 지렛대는 작은 힘으로 무거운 물건을 들어 올린다. 이를 투자에도 활용할 수 있다. 적은 돈으로 그보다 비싼 물건을 사는 방법이 있다. 전세금 또는 대출을 이용하는 투자가 이에 포함된다. 이를 레버리지 효과라고 한다.

직장인의 최대 단점은 월급이 한정적이고 적다는 점이다. 하지만 반면에 최대 장점이 있다. 그것은 신용의 존재다. 직장 생활 하는 동안 고정적인 소득으로 신용이 생긴다. 그 신용으로 신용대출과 부동산 담보대출을 실행시킬 수 있다. 규모가 있는 회사라면 회사 내 대출 또한 활용할 수 있다.

나는 전세를 월세로 전환하는 과정에 이 신용을 최대한 이용했다. 실제로 모아놓은 돈이 많지 않았고 월세화하는 과정에서 전세금을 돌려주기 위해 목돈이 필요했기 때문이다. 이 목돈을 대출을 이용해 충당했다.

대출 목적은 크게 두 가지로 나눌 수 있다. 첫 번째는 소비형 대출이다. 소비하는 데 목적을 둔다. 예를 들어 명품 가방을 산다거나 자동차를 구매한다거나 하는 등이 그것이다. 이런 소비의 공통점은 시간이 갈수록 상품의 가치가 떨어진다는 점이다. 할부로 샀을 경우 가치는 계속 떨어지지만, 대출금은 지속해서 갚아야 한다. 신용카드 사용은 대출과 같다. 한 달마다 갚는 단기형 빚이라 의식하지 못할 뿐이다.

두 번째는 투자형 대출이다. 대출로 실물 자산을 사는 것이다. 실물 자산은 물가 상승률을 반영한다. 매년 올라가는 물가 상승만큼 가격은 증가한다. 시간이 갈수록 가치는 계속 증가한다. 여기서 투자와 투기를 혼동해서는 안 된다. 내가 생각하는 투자와 투기의 정의는 이렇다. 투자는 확실한 수익을 위한 자본을 투입하는 행위이고, 투기는 불확실한 수익을 위한 자본을 투입하는 행위이다.

투자와 투기의 가장 큰 차이점은 확실한 수익 추구와 불확실한 수익 추구다. 그래서 부동산은 투자에 가깝고 주식은 투기에 가깝다. 부동산은 싸게 살 수 있다. 경매나 급매 등을 이용하면 평균 매매가 이하의 가격으로 매입할 수 있다. 평균 가격으로 매매 가격이 고정된 것처럼 보이지만 충분히 협상을 통해 가격은 조정될 수 있다. 그래서 싸게 살 수 있게 된다. 싸게 산다는 말은 매입 즉시 팔아도 이익을 볼 수 있다는 말이다. 그래서 부동산은 확실한 이익을 얻을 수 있다. 하지만 부동산 역시도 싸게 매입했을 때만 투자지 평균 가격 혹은 그 이상으로 매입한다면 투기가 된다. 그 기준은 바로 팔았을 때 이익을 볼 수 있느냐 없느냐다.

주식은 가격이 정해져 있기 때문에 싸게 살 수 없다. 단지 가치 평가에 따라 저평가된 주식이 존재한다. 따라서 가치투자라 불리는 투자법은 투자 후 시간이 지남에 따라 내려갔던 가격은 원래 가치에 수렴된다고 가정한다. 하지만 그 결과는 100% 확신할 수 없다. 그래서 현명한 투자자는 분산투자를 한다.

과하니 탈나다

그렇게 한꺼번에 4건의 아파트를 담보대출을 실행하게 되었다. 그리고 그 후로도 계속 대출 규모를 넓혀갔다. 다행히 아파트 매매 가격이 4,000만 원 정도라 내가 추가로 필요한 비용은 많지 않았다.

대출 실행은 한국에서만 진행할 수 있다. '자서'하는 과정, 즉 대출 서류를 본인이 작성해야 하므로 직접 은행에 방문해야 한다. 해외 근무 중이라는 단점을 최소화하기 위해 휴가 기간에 맞춰 대출 실행을 몰아서 진행했다. 하지만 대출받는 아파트가 한꺼번에 늘어나자 문제가 발생했다. 어디서 얼마만큼의 대출 이자가 빠져나가는지 헷갈리기 시작했다.

최대한 대출금을 확보하기 위해 여러 은행을 이용했다. 처음에는 1금융권 그리고 2금융권 등 다양한 금융 기관을 활용했다. 그만큼 담보대출 이자가 나가는 통장은 다양해졌다. 하지만 대출 당시 그 대출을 실행했던 은행과 이자가 빠져나가는 통장을 기록해놓지 않았다. 시간이 지나고 대출 실행 건수가 늘어나자 이를 정확히 기억해낼 수 없었다.

그 당시 가진 금액을 최대한 이용해 타이트한 투자를 진행했다. 부족한 금액은 신용대출을 이용해서 매매 잔금을 지불하는 방식이었다. 그래서 마이너스 통장은 항상 마이너스였다. 마이너스라는 것은 이자가 계속 발생하고 있음을 의미한다. 그래서 보유한 10개의 통장 계좌 잔액을 마이너스 통장에 몰아서 넣었다. 하루라도 이자를 최소화하기 위한 전략이었다.

부동산 담보대출이 없을 때는 문제가 되지 않았다. 대출 이자가 나가는 곳은 마이너스 통장이 전부였기 때문이다. 하지만 담보대출이 추가되고 이자가 빠져나가는 통장이 다양해지자 문제가 생기기 시작했다. 대출 이자를 납부하지 않았던 것이다. 그리고 그 상황은 나도 모르게 계속되고 있었다.

한국이었다면 대출금 납입일 전에 얼마의 이자가 나가는지 문자로 통지된다. 또한, 연체되었다는 사실을 여러 경로를 통해 확인할 수 있다. 하지만 해외 근무 중으로 핸드폰이 정지되어 있었다. 그래서 연체가 발생함에도 이를 확인할 수 없었다. 당연히 이자는 잘 나가고 있겠지 하는 안일한 생각이 문제였다. 스스로 관리해야 했지만 관리하지 못했다.

심각하게도 두 달 가까이 연체가 계속됐다는 사실을 한국 휴가 중에 알게 되었다. 처음에는 연체되는 줄도 몰랐다. 추가로 매입할 아파트 계약금을 납입해놓고 부동산 담보대출을 실행하기 위해 대출 상담사와 이야기를 나누고 있었다. 대출 가능 여부를 확인하던 중 연체 사실을 확인했다. 지금 생각해도 아찔하다.

얼마 전까지 신용등급은 분명히 1등급이었는데 조회를 해보니 6등급으로 떨어졌다. 잘못하면 낮은 신용등급으로 대출이 실행될 수 없다는 얘기를 듣게 되었다. 큰 좌절감을 느꼈다. 혹시나 대출이 실행된다고 하더라도 높은 이자를 감수해야 한다는 사실 또한 좌절감을 더했다. 담보대출을 받지 못한다면 계약금 10%를 날리는 상황이었다. 돈이 더 있으면 있었지, 없으면 안 되는 상황이었다.

설상가상으로 1년마다 연장하던 신용대출 증빙 기간이 바로 앞이었다. 신용등급이 낮으면 신용대출금을 즉시 회수할 수 있다는 사실을 그때 알았다. 더 큰 조급함을 느꼈다.

신용대출금을 갚을 돈이 없었다. 말 그대로 벼랑 끝 투자 중이었다. 있는 돈 없는 돈 모두 부동산 월세화에 집중하고 있던 때였다. 하늘이 노랗다는 이야기를 그때 경험했다. 담배만 피웠다. 그리고 피해를 최소화하기 위해 고민하기 시작했다. 우선 최악의 상황을 가정해보았다. 첫 번째는 지금 진행 중인 계약금 10%를 포기하는 것이고, 두 번째는 즉시 신용대출 회수 요청을 받는 것이다. 계약금은 포기할 수 있더라도 신용대출금 회수는 응할 수 없었다. 그렇다면 보유하고 있는 아파트를 하나둘 헐값에 팔아서 메워야 한다.

몇 년 전에 읽은 책 내용 중 이건희 회장의 일화가 생각났다. 이건희 회장 역시 30대 초반, 사업으로 번 돈을 토지에 무리하게 투자했던 적이 있다. 성공할 것 같았던 부동산 투자는 갑작스러운 대출금 상환요청에 무너졌다. 그 돈을 마련하기 위해 운영하던 사업체와 땅을 헐값에 팔아야 했다. 그리고 처음부터 다시 시작한 게 삼성 물산이었다. 전화위복이 되었지만 무리한 투자로 뼈아픈 실패를 겪었다.

절망스러웠지만 담보대출 실행 결과를 기다릴 수밖에 없었다. 그 결과 정말 다행스럽게도 담보대출은 높은 이자율로 실행되었고 신용대출도 높은 이자율로 연장되었다. 알고 보니 신용등급 6등급이 담보대출 실행과 신용대출 연장의 마지노선이었다.

만약 그 당시 휴가를 나오지 않았다면 연체는 계속되었을 것이고 신용등급은 6등급이 아닌 7등급 이하로 떨어졌을 것이다. 그 후 모든 대출금을 상환하라는 요청이 이어졌을 것이고 나는 결국 파산하고 말았을 것이다. 그리고 모든 자산은 경매로 붙여졌을 것이다. 그때 휴가를 나온 것은 구사일생의 기회였다.

이 사건을 거치자 신용관리의 중요성과 대출금의 체계적인 관리가 필요하다는 사실을 뼈저리게 느끼게 되었다. 나는 이후로 담보대출 이자가 빠져나가는 통장과 이자 금액을 엑셀로 정리하였으며 이를 한눈에 볼 수 있게 정리했다. 이를 통해 각 통장에 얼마만큼의 여윳돈이 있어야 하는지 알게 되었다.

나는 자금의 여유가 생길 때마다 대출 이자가 빠져나가는 통장부터 채운다. 그리고 언제나 필요자금보다 3배의 여윳돈을 유지하는 중이다.

2015년에 떨어진 신용등급은 지독하게 오르지 않았다. 2017년 12월에도 6등급이었다. 하지만 2018년 1월 4등급, 3월 1등급(1등급(나이스지키미)/2등급(올크레딧))을 회복하게 되었다. 자연스레 신용대출금(마이너스 통장)도 이전보다 정확히 두 배 더 받을 수 있게 되었다.

나는 그 당시 해외 주재원 근무로 거의 제로에 가까운 소비 생활을 했다. 그러다 보니 회복은 더 느렸다. 참고로 신용등급을 빠르게 올리는 방법이 있다. 신용카드 사용액을 조금씩 늘리고 이를 제때 지불하면 신용도 회복에 도움이 된다. 만약 자신의 신용등급이 궁금하다면 토스 앱 또는 카카오뱅크에서 실시간으로 확인할 수 있다.

부동산, 어떻게 선택하고 투자할까?

부동산 투자자가 가장 궁금해하는 부분 중 하나는 '어느 아파트가 올라갈 것이냐'다. 각 해당 지역마다 다양한 아파트가 존재한다. 위치도 다양하고 층수도 제각각이며 준공 연도 또한 다르다. 그러다 보니 선택하기 어렵다. 아파트를 분석하기 위해 어떤 가치를 대입해야 할지 감을 잡기 쉽지 않다. 많은 선택지가 있어 최적의 선택을 할 수 있을 것 같지만 반대로 많은 선택지로 선택하기 어렵다는 문제가 발생한다. 최적의 선택은 가지수를 몇 가지로 추릴 수 있을 때 할 수 있다.

워런 버핏의 스승이었던 벤저민 그레이엄은 주식 투자를 할 때 배제 원칙을 적용했다. 여러 선택지 중 가장 좋은 주식을 선택하려고 노력하기보다 가장 투자하기 꺼려지는 종목을 제외하는 것이다. 예를 들어 부채 비율이 높다거나, 최근 10년간 영업 적자가 존재한다거나, 지속적인 배당 실적이 없는 회사 등이 그것이다. 이 중 한 가지라도 해당하는 주식은 제외한다. 그렇게 추린 주식으로 선택하는 것이다. 선택과 집중을 통해 투자 성공 확률은 높아진다. 선택지를 줄일 수 있어야 최선의 선택을 할 수 있다.

나는 부동산 투자에서 가장 핵심은 가격이라고 생각한다. 아무리 좋은 아파트라도 가격이 비싸면 투자하는 의미가 없다. 좋은 아파트를 싸게 사야 이익을 볼 수 있다. 물론 보유하고 있으면 입지에 따른 투자자가 몰림에 따라 가격은 오를 수 있지만, 이는 부차적인 문제다. 처음부터 이익을 보고 사기 위해서는 싼 아파트에 집중해야 한다.

투자는 싸게 사야 이익을 볼 수 있다. 예를 들어 우리나라뿐만 아니라 세계적으로 인정받는 삼성전자 주식이 있다. 누가 뭐라고 해도 최고의 주식이다. 하지만 가치가 높은 주식이라고 하더라도 비싸게 사면 의미가 없다. 주식은 그만큼의 가치가 존재한다. 이를 계산해볼 수 있는 수식이 많다. 그렇게 계산된 삼성전자 가치가 50만 원인데 100만 원에 사는 것은 현명한 투자라 볼 수 없다. 50만 원 이하의 가격에 살 때 투자는 가치를 가진다.

부동산도 마찬가지다. 삼성동 아이파크는 우리나라 최고의 아파트 중 하나다. 하지만 그렇게 좋은 부동산이라고 하더라도 가치 이상으로 매입하는 것은 현명한 부동산 투자라 볼 수 없다. 좋은 매물을 싸게 살 때만이 현명한 투자라 할 수 있다.

부동산 투자에서 싸게 사는 방법은 많다. 급매 물건을 기다리는 것이다. 나는 정말 나오지 않을 것 같은 가격의 물건을 많이 접하였다. 시간이 많을수록 그리고 조급하지 않을수록 성공확률은 높아진다. 또한 그런 투자처가 여러 군데 많다면 그중한 곳에만 급매 물건이 나오면 되니 확률적으로 급매 물건을 접할 확률이 높아진다. 이 방법은 바다에서 물고기를 잡을 때 그물의 길이를 늘여 더 넓게 펼치는 것과 마찬가지다. 그물이 넓으면 넓을수록 더 많은 물고기를 잡을 수 있다.

부동산의 성장 가능성은 어떻게 측정할까? 성장 가능성은 입지와 주변 발전 가능성을 말한다. 집 주변 개발 계획을 분석하고 재개발 또는 지하철 라인 신설 여부 등 향후 개발 호재 역시 같이 보는 것이다. 컴퓨터로 이를 알기에는 한계가 있다. 직접 사람들을 만나는 과정에서 아직 발표되지 않은 고급 정보를 얻을 수 있다. 뛰어다녀야 알 수 있는 정보가 많다. 이렇게 부동산 질적 요소의 분석으로 미래 가치를 예측해볼 수 있다.

이제껏 재테크 책을 천 권 읽으면서 세계적인 주식 투자자들의 책을 많이 읽었다. 책을 읽으면 읽을수록 왜 세계적인 부동산 투자자들의 책은 없을까? 라는 아쉬움이 많이 남았다. 그런 책들이 있다면 지금의 주식 투자자들과 마찬가지로 부동산 투자자들에게 질적인 향상을 일으킬 것이고 그 투자 원칙을 더욱 개량해나갈 수 있기 때문이다. 하지만 주식 투자 원칙은 주식에서만 쓰는 것이란 고정관념에서 벗어나자 놀라운 사실을 발견하게 되었다. 주식 투자 원칙을 부동산에도 적용할 수 있다는 사실을 깨달았다. 현존하는 세계적인 주식 투자자들의 투자 원칙을 적용하면 된다. 매수 가격, 미래성장 가능성, 역발상 투자, 분산 투자 등 여러 원칙을 고려해볼 수 있다.

PART 6

6년 차

노력해서 이룰 수 없는 것이 아닌

노력하면 이룰 수 있는 것에 집중하자.

이제는 부자의 삶에 포커스를 맞출 때다.

중산층과 부자의 차이를 깨닫다

부동산 투자를 하면서도 기술사 공부 역시 빼놓지 않았다. 휴가 기간에 맞춰 2014년 1회와 2015년 2회로 총 3회 시험을 쳤다. 그런데 마지막 시험을 칠 때쯤 과연 자격증 공부가 내 인생에 큰 의미가 있을까? 라는 생각이 들기 시작했다. 책을 읽으면서 생긴 변화다.

책은 사람의 생각을 바꾼다. 저자의 생각을 글을 통해 읽게 되고 그동안 알지 못한 그들의 삶을 이해한다. 겉모습만 봐서는 볼 수 없던 그들의 내적 생각은 글에 기록되어 있다.

저자의 글을 읽게 되면 그들의 생각을 간접 경험하게 된다. 내가 생각조차 할 수 없던 생각을 글을 통해 알 수 있다. 그리고 그들의 생각이 이롭다고 느낀다면 그 생각을 내 인생에 적용한다. 글의 영향으로 점점 그동안 하지 않던 생각을 조금씩 하게 된다. 자연스레 자기 생각의 폭은 넓어진다.

그냥 사는 대로 살면 변화할 수 없다. 일상생활에서는 생각할 수 있는 폭이 제한되기 때문이다. 주변을 보면 비슷한 행동과 생각을 하는 사람과 함께 있음을 알 수 있다. 사람은 본능적으로 자신과 닮은 사람과 함께 있을 때 동질감과 편안함을 느낀다. 우리가 대부분의 시간을 보내는 직장 생활도 마찬가지다. 비슷한 삶의 패턴이 지속되면 생각은 더욱더 비슷해진다. 자극 없는 삶이 계속되는 것이다.

변화하기 위해서 우선 생각부터 바꿔야 한다. 생각을 바꿔야 행동을 다르게 하고 행동이 달라져야 결과가 바뀐다. 생각의 변화는 타인의 생각을 경험할 때 빠르게 이룰 수 있다. 새로움과 위기감을 동시에 얻기 때문이다.

나는 최선을 다해 인생을 살고 있다고 생각했다. 그리고 이

길이 옳다고 확신하고 있었다. 자격증 공부와 재테크 이 두 가지는 직장과 내 삶을 동시에 성장시키는 것은 맞지만 자격증 공부는 중산층에 해당하는 삶이란 사실을 깨닫기 시작했다. 재테크 책을 본격적으로 읽기 전까지 모르던 삶의 모습이 눈에 들어왔다.

중산층과 부자는 너무나 다르게 산다. 중산층은 자신의 몸값을 높이기 위해 노력한다. 학위를 따거나 자격증을 취득하거나 영어 실력을 높이는 등의 노력을 한다.

하지만 부자는 다르다. 부자는 더 부자가 되기 위해 집중한다. 부를 더 확장하기 위한 방법을 고민한다. 책을 읽거나, 사교 모임에 참여하는 등 투자 수익률을 더 높이기 위해 노력한다.

시간 사용도 마찬가지다. 중산층의 대부분은 직장 생활을 한다. 그들의 시간은 타인을 위해 사용된다. 직장 업무는 기업의 가치를 높이는 일이다. 기업을 위해 자신의 시간을 투입한다. 그렇게 하루 대부분의 시간을 직장 생활에 얽매이는 동안 자신을 위해 쓰는 시간은 극소해진다. 그렇게 그들은 중산층에 머문다.

부자들은 온전히 자신만을 위해 시간을 사용한다. 돈이 있는 것만큼 자신이 하고 싶지 않은 일은 하지 않는다. 비용을 지불하고 외주화로 돌린다. 집안일을 하기 싫으면 가정부를 고용하고 차를 몰기 싫으면 운전사를 고용한다. 그리고 그렇게 확보한 시간을 오로지 자신만을 위해 사용한다. 부를 확장하는 데 집중하고 부를 관리하는 데 포커스를 맞춘다. 그렇게 그들은 더욱 부자가 된다.

나는 어떤 삶에 집중하고 있는지 돌아보았다. 기술사 공부는 정확히 내 몸값을 높이는 작업이다. 이런 삶을 살 때 절대 중산층의 삶을 벗어나지 못한다는 사실을 알게 되었다.

마지막 기술사 3회 차 시험을 치고 기술사 공부를 더는 하지 않기로 했다. 1년 8개월가량 천 시간 이상을 기술사 공부에 투자했던 것만큼 아쉬울 법도 했다. 하지만 전혀 미련이 남지 않았다. 나는 부자의 삶을 살기로 결심했기 때문이다.

기술사 시험은 상대평가가 아닌 절대평가로 진행한다. 그래서 한 회 차에 합격자가 나오지 않는 경우도 많다. 열심히 해도 합격할 수 없는 회 차가 존재한다는 말이다. 그래서 마음을 다졌다.

'노력해서 이룰 수 없는 것이 아닌 노력하면 이룰 수 있는 것

에 집중하자. 이제는 부자의 삶에 포커스를 맞출 때다.'

자신이 어떤 삶을 살고 있는지 깨닫기 위해서 객관적인 시각이 필요하다. 자신만의 시각으로는 큰 틀을 볼 수 없다. 자신이 직접 할 수 있는 경험은 늘 한계가 있기 때문이다. 따라서 객관적인 시각을 기르기 위해 다른 사람의 경험을 빌려야 한다. 타인들이 경험을 통해 깨달은 생각을 알아야 한다.

인생의 말미에 삶을 돌이켜보았을 때 '그때 그렇게 할걸' 하며 후회한다고 바꿀 수 있는 것은 아무것도 없다. 빨리 깨달아야 변화할 수 있는 시간을 확보할 수 있다. 인생을 빨리 깨닫는 방법은 독서에 있다. 자신의 시각을 변화하게 할 수 있는 가장 빠른 길은 책을 읽는 것이다.

1,000권 독서를 달성하다

　해외 근무 중 퇴근 후 반 이상의 시간을 기술사 공부에 사용했다. 기술사 공부를 포기하면 그 시간 동안 무엇을 해야 할지 고민했다. 그때는 바야흐로 한국 휴가 후 복귀하던 때였다. 중국 상동이라는 공항에서 스탑오버를 위해 대기하던 11시간 동안 여러 책을 읽었다. 그때 읽은 책이 《48분 기적의 독서법》이었다. 그 책 속에 이런 말이 있다.

　"3년간 1천 권 이상의 독서를 할 경우 자신의 원하는 삶을 살 수 있다."

그 책에는 천 권의 책을 읽고 성공한 수많은 사례가 기록되어 있었다. 나는 생각했다.

'내가 원하는 삶을 사려면 무엇보다 최우선으로 책 천 권부터 읽어야 하지 않을까?'

2014년, 2015년 기술사 공부 시간을 제외하고 각 150권씩 책을 읽었다. 2년간 총 300권을 읽은 상태였다. 산술적으로 계산하더라도 2016년 1년 동안 700권만 읽으면 천 권 독서를 달성할 수 있었다. 열심히 공부해도 합격할 수 없을지도 모르는 기술사 공부보다 비록 고통은 따르겠지만 열심히 하면 이룰 수 있는 천 권 독서가 더 큰 의미가 있을 것 같았다.

그리고 마지막 기회라고 생각했다. 그 당시 3년 차 해외 근무가 되던 해였다. 3년차 근무를 마치고 복귀를 계획했었기에 천 권을 이룰 마지막 해였다. 이 도전은 해외 주재원 근무가 아니라면 절대 달성할 수 없을 것으로 생각했다. 한국에서는 절대적으로 시간이 부족할 것이고 천 권 도전은 흐지부지될 것이기 때문이다.

천 권 독서를 목표로 세웠던 때가 2016년 1월 7일이었다. 700권을 읽으려면 하루에 몇 권을 읽어야 할지 계산해보았다.

하루에 3권 이상을 읽어야 했다. 그중 휴가 기간을 빼고 퇴근 후를 이용할 수 없는 시산을 제외하면 미친 듯 책만 읽어야 한다는 계산이 나왔다. 속독하는 능력도 없던 상태에서 하루빨리 돌입해야 했다. 그렇게 시작했다.

정말 내 인생 최악의 순간들이 펼쳐지던 때였다. 주중, 주말할 것 없이 남는 시간 동안 종일 앉아서 책을 읽었다. 좀이 쑤시는 건 둘째 치고 과연 천 권 독서가 의미 있을지 회의가 수없이들었다. 그도 그럴 것이 읽어도 남지 않는다는 생각 때문이었다. 보통 주말에 6~7권 정도 읽었다. 7권을 연속해서 읽으면 어떤 생각이 드는 줄 아는가? 아무런 생각이 들지 않는다. 남는 게없다. 기억이 나지 않는다. 그렇게 고생해서 속독해도 머릿속에남지 않는다는 사실로 자괴감에 빠지던 날이 많았다.

또한, 워낙 활동적이고 활발한 삶에 익숙했는데 그런 정적인시간을 견뎌내기가 너무나 힘들었다. 온종일 집에만 있으니 여기가 집인지, 창살 없는 교도소인지 헷갈릴 때도 있었다. 교도소 생활이 이렇지 않을까 하는 생각이 들기도 했다.

2014년, 2015년에 읽은 책들은 대부분 투자, 재테크, 부자 등 경제 관련 분야였다. 하지만 2016년 한 해에 읽어야 할 책 권수만 700권이었다. 그러다 보니 특정 분야의 책만 읽을 수 없었다. 그만큼 한 분야의 책만 구할 수도 없었다. 그래서 철학, 인문, 소설, 역사 등 다양한 분야의 책을 읽었다.

해외에서 이렇게 많은 책을 읽을 수 있던 것은 휴가를 이용했기 때문이다. 그 당시 1년에 많으면 4번에서 5번 정도 휴가를 나눠서 다녀올 수 있었다. 그때 미리 사놨던 책을 캐리어에 실어 옮겼다. 대한항공 마일리지가 쌓여 모닝캄 회원이 되었다. 모닝캄 회원은 수화물을 하나 더 실을 수 있었다. 두 개의 수화물과 기내용 캐리어에는 전부 책으로 채워졌다. 휴가 복귀 때 100여 권 정도의 책을 가져올 수 있었다.

나는 책을 읽을 때 무조건 사서 읽었다. 줄을 쳐서 읽어야 했기 때문이다. 책을 읽는 동안 중요 부위를 표시했다. 그렇게 하면 다음에 읽을 때는 중요 부분만 발췌해 읽을 수 있다. 결과적으로 시간이 절약된다. 그래서 무조건 종이책이 필요했다.

책을 읽는 동안 너무나 많은 스트레스를 받았지만 포기할 수 없었나. 책을 한 권 읽을 때마다 권수를 셌는데 하루가 지날수록 미소하지만, 목표치에 가까워지고 있다는 시각적 효과가 한몫했다. 그렇게 계속 책을 읽어나갈 수 있었다. 그리고 드디어 2016년 11월 11일 700권 독서로 3년간 총 천 권 독서를 달성하였다.

누가 내게 인생을 돌아볼 때 가장 큰 도움이 된 행동이 무엇이냐 묻는다면 천 권 독서라 대답할 것이다. 그 정도로 독서는 내게 큰 도움이 되었다.

현존하는 지식 대부분은 활자로 보관되어 있다. 역사, 정보, 지식, 수학 심지어 영어까지 그렇다. 공부의 핵심은 이 활자를 보며 이해하고 얼마나 빠르게 스스로 적용할 수 있느냐. 책 읽기를 통해 확연히 이해의 속도가 빨라짐을 느끼게 되었다. 이해가 빠르니 행동도 빨라졌다. 책을 통해 얻은 지식은 투자 곳곳에 큰 도움이 되고 있다.

다시 인생을 산다면 천 권 독서부터 시작할 것 같다. 그 후부터 무엇이든 내가 원하는 삶을 살 수 있다는 확신 때문이다. 31

살부터 천 권 독서를 시작했다. 개인적으로는 그때 시작한 게 다행이라는 생각과 함께 혹시나 10대 때 천 권 독서를 실행했으면 어땠을까 하는 아쉬움이 든다. 이 아쉬움으로 자녀에게는 공부보다 천 권 독서부터 추천할 것 같다.

그다음은 반복 독서다

재테크 책만 수백 권을 읽기 시작하자 다독보다 반복 독서가 중요하다는 것을 깨달았다. 다다익선, 많으면 많을수록 좋다는 뜻이다. 독서에도 적용된다. 많이 읽으면 좋다. 다만 투자 성공이라는 관점에서 볼 때 '많이'라는 양은 무한대가 아니다. 일정 수준을 넘어서자 다독이 그렇게 중요하지 않다는 사실을 알게 되었다.

성공 투자 원리는 공통적이다. 절약, 성실함, 꾸준함, 무리하지 않음, 분산 투자 등 이 같은 내용을 다양한 책에서 언급하고 있다. 단지 순서와 표현만 다르지 비슷비슷한 내용을 담고 있다. 새로운 정보보다 같은 사실을 조금 다르게 가공할 뿐이란 사실을 확인했다. 그래서 재테크 혹은 투자 책 100권 정도를 읽게 되면 대부분의 투자 스킬과 투자 마인드는 다 접하게 된다. 따라서 100권 이상부터는 다독이 그렇게 중요하지 않게 된다.

그때부터 중요한 것은 반복 독서다. 아무리 좋은 정보라도 그냥 한 번 읽기만 하면 머릿속에 잘 남지 않는다. 인간은 망각의 동물이라 돌아서면 까먹게 된다. 자연스러운 현상이다. 하지만 자신이 활용할 수 있는 실전 정보로 만들기 위해서는 반복해서 읽어야 한다.

기억의 원리를 보면 반복 학습이 얼마나 중요한지 알 수 있다. 새로운 지식을 바로 적용하기란 쉽지 않다. 그리고 그 정보가 여러 절차가 있는 것이라면 더욱더 그러하다. 그래서 한 번 읽는 것으로 부족하다. 여러 번 읽을 때 머릿속 정보는 축적되어 정리되고 활용할 수 있을 정도로 익숙하게 된다. 그 후 정보를 실제로 적용할 수 있게 된다. 알아야 행동할 수 있다. 홀로 계획한 해외여행에서 여행 정보가 누적될수록 자신감을 가지고 해외로 떠날 수 있는 것과 같은 원리다.

그렇다면 어떻게 효율적으로 지식을 축적할 수 있을까? 우선 망각 곡선을 알아야 한다. 시간에 따라 얼마만큼 정보가 잊히는지 안다면 최적의 반복 독서 타이밍을 확인할 수 있다.

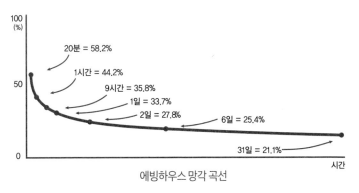

에빙하우스 망각 곡선

에빙하우스의 망각 곡선을 보면 기억량은 시간이 지남에 따라 감소한다. 그중에서 가장 급격하게 떨어지는 구간이 있다. 최초 정보를 접하고부터 20분까지다. 최초 기억했던 정보는 20분이 지나면 42%가 사라진다. 독서하고도 머릿속에 남는 게 없다고 느끼는 게 바로 이 때문이다. 독서를 통해 다양한 지식을 쌓았다고 하더라도 그냥 한 번 읽고 그친다면 반 정도의 정보는 기억 속에서 사라지고 없다. 읽고 난 후 20분 만이다.

그러니 수 시간 투자해서 책을 읽었지만 남는 게 없다는 허

무감이 들게 되는 것도 무리는 아니다. 좋은 정보를 읽었다 하더라도 1시간도 채 되지 않아 반 이상이 사라진다면 허무하지 않겠는가? 하지만 기억량을 극대화하는 방법이 있다. 바로 반복 독서다.

망각 곡선을 보면 20분 만에 기억량 42%가 사라진다는 것을 알 수 있다. 하지만 한 번 읽고 회독 수가 늘어남에 따라 기억량은 획기적으로 올라간다. 직장 생활에서의 업무를 확인해봐도 그렇다. 우리에게 익숙한 업무는 반복해서 진행한 업무다. 반복하는 횟수의 주기가 짧으면 짧을수록 더 능숙하다. 하지만 그 주기의 폭이 넓다면 반복하더라도 익숙해지기까지 더 많은 시간이 필요하다. 망각 곡선을 따르기 때문이다.

예를 들어 하루에 한 번 매일같이 해야 하는 업무 A와 한 달에 한 번 해야 하는 업무 B가 있다. 반복적으로 하는 업무라도 1회를 실행하는 주기는 다르다. 데일리와 월간의 차이점이다. 월간 업무는 데일리 업무보다 일 처리 속도는 빠르지 않다. 따라서 반복하는 주기를 최대한 당길 필요가 있다. 20분 후, 하루 후, 일주일 후, 한 달 후 네 차례에 걸쳐 복습하는 것이 가장 적절한 복습 스케줄이다.

다양한 지식을 한꺼번에 접했다면 그 후부터 꾸준히 반복해서 학습해야 온전한 지식으로 확보할 수 있다. 반복하는 횟수에 따라 머릿속에 누적되는 지식의 양은 절대적으로 늘어나기 때문이다.

주식 투자 귀재라 불리는 김봉수 카이스트 교수는 자신의 돈 4억을 투자해 500억으로 만들었다. 딱 10년 걸렸다. 그는 투자하기 전 독서부터 시작했다. 주식 투자 책을 수백 권 읽고 투자했다. 선 독서 후 투자했더니 성공적인 투자를 할 수 있었다고 한다. 그는 한 방송 인터뷰에서 투자에 성공하려면 무엇을 해야 하는지에 관한 질문에 이렇게 답했다.

"시중에 주식 투자자들이 많이 읽는 책이 있거든요. 5권을 10번씩 읽고 투자하세요. 성공합니다."

여기서 5권이 정확히 무엇인지 말해주지는 않는다. 하지만 그의 여러 인터뷰에서 큰 도움이 되었다고 언급한 책이 3권 있다.

김봉수 카이스트 교수가 추천한 책 3권

앙드레 코스톨라니의 《돈, 뜨겁게 사랑하고 차갑게 다뤄라》

피터 린치의 《월가의 영웅》

벤저민 그레이엄의 《현명한 투자자》

그는 성공한 투자자다. 300권 정도의 주식 책을 읽었다고 한다. 만약 그의 성공이 300권 전체의 책을 읽었기 때문이었다면 성공적인 투자를 위해 300권 전부를 읽으라고 추천했을 것이다. 그러나 그렇지 않았다. 5권을 10번 반복해서 읽으라고 이야기한다. 다독보다 반복 독서의 중요성을 강조한 말이다.

일반적으로 정보를 처음 접하더라도 바로 투자할 수 있는 것은 아니다. 뜸을 들이는 시간이 필요하다. 좋은 정보인지 다시 한번 체크하고, 어떻게 적용할 수 있을지 확인하고, 어떤 순서로 투자할지 계획하는 등 투자 실행을 위한 단계를 거쳐야 한다. 이 순서를 빠르게 수행하기 위해 반복 독서가 필요하다.

투자 책을 반복해서 읽고 투자하면서 놀라운 변화를 경험했다. 투자하지만 이제 더는 투자 책을 읽지 않는다는 것이다. 수백 권의 책을 읽으면 이미 투자 스킬을 익숙하게 적용할 수 있다. 계산 방식이 정해져 있기 때문이다. 반복적으로 사용하는 투자 방식은 정해진다. 하지만 투자 연차가 늘어날수록 더 필요한 지식은 다른 곳에 있다는 사실을 점점 느끼게 되었다. 그것은 투자자의 투자 심리다.

투자하는 것은 사람이다. 주변 사람들의 투자 심리에 따라 투자할지 말지가 정해진다. 그리고 이는 큰 흐름으로 나타난다. 대다수의 사람은 본능에 의해 투자하기 때문이다. 손해 볼 것 같을 때 투자하지 않고 이익을 볼 것 같을 때 투자한다. 손해 볼 것을 인식할 때는 집값이 내려가는 순간이고 이익을 볼 것을 예상할 때는 집값이 오르는 순간이다. 다들 사려 할 때 사고 다들 팔려고 할 때 판다.

공급과 수요의 법칙으로 가장 비쌀 때 팔 수 있는 것은 수요가 몰릴 때다. 마찬가지로 가장 싸게 살 수 있을 때는 다들 팔려고 할 때 사는 것이다. 이를 이해하기 위해서는 인문학책과 심리책이 중요하다. 사람의 심리를 다루기 때문이다. 정확히 다수의 심리를 예측할 수 있을 때 큰 투자 이익을 얻을 수 있다.

세입자를 끼고 있는 물건에 매력을 느끼다

　전세에서 월세로 전환하려면 여러 단계를 거친다. 전세 만료 최소 한 달 전까지 세입자에게 월세 전환을 통보한다. 그때 전세금만큼 현금이 있으면 고민할 필요가 없다. 세입자 전출 시 바로 돈을 내주면 그만이다. 하지만 자신이 모은 돈만으로 전세금을 마련하기란 쉽지 않다. 그러니 계약 만료일에 맞춰 은행에 방문하고 부동산 담보대출을 미리 신청해야 한다. 그 후 실행된 부동산 담보대출금과 나머지 자신의 자금을 합쳐 전세금을 반환할 수 있다. 그 과정 중에 공인중개사에게 연락해 월세 광고를 요청해야 하고 도배, 장판 시공 업체와 스케줄 조정도 해야 한다. 세입자가 나가는 즉시 도배와 장판 교체 작업이 이루어질 수 있게끔 예약해두어야 하기 때문이다.

공실 기간을 최대한 줄이기 위해서 빠른 행동은 필수적이다. 그 이후 월세를 원하는 세입자에게 집을 보여주고 계약하는 식이다.

이렇듯 전세에서 월세로 전환하는 과정은 여러 단계가 존재하고, 전세금 반환 외에도 도배 및 장판 교체, 월세 광고비 등 큰 비용과 시간이 소모된다. 또한 때에 따라 공실 기간이 오래 걸릴 수도 있다. 공실 기간 역시 집 소유주에게는 손해다. 대출 이자뿐만 아니라 월세를 받지 못하는 기간은 잠재 손실로 여겨지기 때문이다.

나는 한 채씩 월세로 전환을 실행했다. 처음에는 많은 목돈이 투입되어 큰 메리트를 느끼지 못했다. 하지만 시간이 갈수록 조금씩 월세 받는 채 수가 늘어나자 생각이 바뀌기 시작했다. 추가로 한 달에 모을 수 있는 돈은 점점 증가함을 피부로 느꼈기 때문이다. 이제껏 모을 수 있는 돈은 월급이 전부였다. 하지만 그 월세 수익이 추가되자 다른 투자로 이어질 수 있는 자금은 이전보다 더 빠르게 확보되었다.

그렇게 확보된 자금으로 투자를 고려하던 중이었다. 유독 눈에 들어온 물건이 있었다. 월세 세입자가 있는 상태에서 매도하는 물건이었다.

'어? 월세 낀 물건이 있네?'

이제껏 그런 물건은 봐도 그냥 패스했다. 목돈이 없었기 때문이다. 월세 투자는 아무래도 갭 투자보다 상대적으로 많은 돈이 필요하다. 갭 투자할 돈도 아쉬울 때 더 많은 자금이 필요한 월세 투자는 전혀 고려하지 않았다. 하지만 종잣돈이 빠르게 확보되자 투자할 수 있는 경우의 수가 늘어났다. 그렇게 바로 월세를 받을 수 있는 투자도 고려하기 시작했다.

월세를 전환하는 동안 수많은 스트레스를 받았다. 자금 확보부터 대출 가능 은행을 알아보는 과정, 월세 광고, 도배 및 장판 비용 협상, 공실 기간 증가 등까지 수많은 과정을 거쳐야 했는데 계획대로 되지 않던 때가 많았다. 예상한 만큼 대출금이 나오지 않는다든가, 공실 기간이 길어진다든가, 도배 및 장판 교체 추가 비용이 발생한다든가, 수리해야 할 추가 비용 지출 등 예상치 못한 복병들이 많았다. 특히나 해외에서 이 모든 것을 관리해야 했기 때문에 더 큰 스트레스를 받았다. 직접 보지 못하는 상태에서 각 단계를 수행해야 했다. 그런 와중에 월세 낀 물건은 여름철 단비와 같았다. 이 같은 물건의 매입은 너무나 매력적이란 사실을 깨닫게 되었다.

월세 낀 물건은 월세 세입자가 이미 거주하고 있는 물건이다. 매입 시 세입자의 보증금까지 인수하기 때문에 공실 물건 매입보다 투자금은 더 줄어든다. 또한 기존 세입자의 보증금과 월세가 정해진 것만큼 순 투자금과 연 소득을 바로 계산할 수 있다. 즉 순 투자금에 대비한 수익률을 정확히 산출할 수 있게 된다. 수익률을 미리 계산해서 투자할지 말지 판단할 수 있다. 갭 투자도 마찬가지다. 기존 전세 세입자를 안고 사니 나머지 차액만 있으면 매입할 수 있다. 전세 세입자를 찾는 그 과정은 생략된다. 신세계였다.

나는 돈이 없었을 때부터 투자했다. 투자금이 적다 보니 무조건 갭 투자만 해야 했다. 일단 계약을 하고 잔금일까지 전세 세입자를 구해 나머지 차액을 마련하는 방식이었다. 하지만 전세자를 구하는 과정은 수많은 스트레스를 동반했다. 잔금일이 지정되면 그 기간 안에 전세 세입자를 구해야 했는데 생각처럼 빠르게 구해지지 않았을 때 큰 조급함을 느꼈다. 기간 내로 구하지 못하면 계약 위반이고 계약금을 잃을 수도 있다. 투자금을 손해 볼 수도 있다는 생각에 스트레스를 받았다. 전세 혹은 월세를 낀 물건 매입은 세입자를 구하는 스트레스에서 해방된다. 또한 집 꾸밈비와 세입자를 구하는 수수료 역시 면제다.

그 후 부동산을 매입할 계획이 있다면 세입자 낀 물건이 있는지부터 찾아본다. 너무나 큰 혜택이 많기 때문이다. 실제 거주할 물건이 아니라면 누구든 세입자를 구해야 한다. 그런데 그 세입자가 벌써 들어가 있는 물건이라면 자신의 계획이 선반영된 물건이다. 자신의 목적에 맞는 물건이라는 말이다. 그 과정에서 생기는 수수료 역시 면제받을 수 있으니 일거양득이다.

월세 수익 150만 원을 돌파하다

첫 부동산 투자는 삼척 아파트 한 채였다. 이를 인수할 때 월세 수익을 고려해 기존 부동산 담보대출을 승계했다. 대출을 받아 매입했지만, 월세 순수익은 그렇게 크지 않았다. 담보대출 이자를 제외해 약 20여만 원 정도였다. 그 이후 약 5년간 추가 월세 투자는 이루어지지 않았다. 투자 자금이 많지 않다 보니 전부 갭 투자로 부동산을 늘렸기 때문이다. 그러다 보니 과연 월세 수입을 늘리는 게 의미가 있을지 의문이 생겼다. 그도 그럴 것이 투자금 대비 수익률은 약 27%로 만족스럽지 않았다.

갭 투자는 100% 정도의 수익은 어렵지 않게 낼 수 있다. 예를 들어 1억짜리 아파트에 전세 9천을 구할 수 있는 아파트가 있다 치자. 그럼 1천만 원만 있으면 집 한 채를 소유할 수 있다. 그리고 그 집이 1천만 원만 오른다면 순 투자금 대비 100% 수익률을 내게 된다. 집값 상승은 매매가 대비 10% 오르지만 순 투자금 대비 100%로 오르는 것이다. 10배만큼 순수익을 낼 수 있다.

월세 투자는 그렇게 큰 수익을 낼 수 없다. 일반 매매로 대출 받는다고 하더라도 크게 잡아 연 20% 이하의 수익을 내게 된다. 한눈에 봐도 갭 투자보다 수익은 작게 느껴진다. 하지만 여기서 핵심은 고정 수입이라는 사실이다. 팔지만 않는다면 어제 받았던 월세를 오늘도 받고 내일도 받을 수 있다.

고정소득과 반대로 일회성 소득은 이와 다르다. 대표적인 일회성 소득은 직장 생활로 받는 월급이다. 우리가 정기적으로 받는 월급은 한 달 일하는 대가다. 먼저 일해야 돈을 받을 수 있다. 당연히 일하지 않으면 돈을 받을 수 없다.

그럼 일할 수 있다면 계속 돈을 받을 수 있다는 가정이 생긴다. 하지만 타인에 의해 일을 할 수 없다면 어떻게 될까? 예를 들어 정리해고, 명예퇴직 등 생각지도 못한 변수는 실제로 비일비재하게 일어난다. 이런 상황에서 젊은 나이라면 모르겠지만 나이가 들수록 급격한 변화에 적응하기란 쉽지 않다. 하루아침에 고정소득은 뚝 끊긴다. 어제까지 고정적 수입이라고 생각했던 월급이었다.

고정적이란 단어는 안정감을 느끼게 한다. '꼬박꼬박'이라는 표현을 하기도 한다. 부모님 세대에서는 안정적인 직장 생활이 최고라는 표현까지 쓴다. 꾸준히 수입이 나온다고 생각하기 때문이다. 하지만 전혀 그렇지 않다. 경제 상황에 따라, 회사 사정에 따라, 팀 내부 사정에 따라 자신의 월 소득은 얼마든지 영향을 받을 수 있다. 일회성 소득이기 때문이다. 한 번 일하지 못하면 월급을 받을 수 없기 때문이다. 한 번 일할 수 없게 만드는 상황이 너무나 많기 때문이다.

나는 이 차이를 깨닫자 너무나 소스라치게 놀랐다. 당연한 이야기였다. 하지만 당연하게 받아들일 수 없었다. 얼마 전까지 월급이 소득의 전부라고 생각하며 살았다. 월세를 추가하는 건 단지 여유가 좀 더 생길 뿐이라는 생각, 그 선에서 그쳤다. 하지만 고정소득과 일회성 소득은 완전히 다르다는 사실을 깨달았다. 이제껏 보지 못한 것을 보게 된 것이다. 그리고 결심했다.

'고정소득을 월급만큼 늘려보자!'

월세 소득을 늘리려고 했던 초반까지 그 차이는 크지 않아 스트레스를 받기도 했다. 꽤 투자한다고 생각했지만, 막상 실질적인 성과는 미비했고 노력과 비교해 보상이 작다고 느껴졌다. 첫 월세 수익은 35만 원에 불과했다. 그것도 이자를 제외하면 20여만 원이었다. 그 후 월세 수입은 정말 더디게 증가했다. 월세 받는 채 수가 1채에서 2채로 늘려도 채 수로는 100% 늘었음에도 상대적인 월세 총액은 크지 않았다. 1채의 순 월수입은 기껏해야 20여만 원이었다. 언제 100만 원으로 불릴 수 있을까 생각하던 때도 있었다.

투자한 지 6년 차쯤 되기 시작하자 성과가 하나둘 생기기 시작했다. 특히 월세 소득이 100만 원을 넘어서게 된 것이다. 월세 순수익이 월 100만 원이 넘어서자 월세 전환 속도가 점점 더 빨라짐을 느끼게 됐다. 지금껏 월급에서 생활비만큼을 제외한 돈을 투자할 수 있었다면 이제 월세는 생활비로 쓰되 월급 전액을 저축할 수 있게 되었다. 그리고 곧 순 월 소득 150만 원을 돌파하게 되었다.

회사 월급에 집중하는 것은 끝이 있는 레일을 달리는 열차와 같다. 그 열차는 끝이 있다는 사실 때문에 전속력을 낼 수 없다. 언제가 끝인지 모르는 상황에서 속도는 느려진다.

고정소득을 늘리는 것은 끝이 없는 레일을 달리는 것과 같다. 고정소득의 철로로는 끝이 무한대라는 사실을 안다. 그러니 자신이 낼 수 있는 최고의 속도로 달릴 수 있다. 그만큼 자신의 능력을 최대치로 끌어올리게 된다.

많은 회사원은 공무원 연금을 부러워한다. 비록 공무원 재직 당시 월급은 박봉이다. 하지만 은퇴 후는 달라진다. 고정적인 연금 소득이 죽을 때까지 나오기 때문이다. 연금은 노후 걱정을 확연히 덜어준다.

월세 수익은 연금과 같은 고정소득에 가깝다. 월세 계약 동안 꾸준히 월세를 받을 수 있다. 물론 그 과정에서 월세 연체나 공실 문제 등을 관리해야 하지만 대부분의 시간은 꾸준히 이익을 얻게 된다. 그리고 그 수익은 부동산을 늘려가면서 더 증가시킬 수 있다. 시간은 걸리겠지만 자신의 노력에 따라 월세 규모를 확장할 수 있다. 연금보다 더 좋은 차별화되는 것도 있다. 증여가 가능하다는 것이다. 연금은 당사자가 사망하면 더 돈을 받을 수 없다. 하지만 월세는 다르다. 상속 혹은 증여를 통해 자산을 자녀에게 이전시킬 수 있다. 한 번 만들어놓은 월세 구조는 '평생' 그 수익 구조가 연장된다.

전세를 월세로 전환한 과정

　전세를 월세로 전환하기 위해 필요한 것은 전세금이다. 전세자 계약 만료일에 맞춰 세입자의 전세금을 돌려줘야 한다. 전세 만료일과 전세금이라는 정확한 시점과 비용이 정해진다. 언제까지 얼마만큼이 필요한지에 대해 미리 계산할 수 있다.

　전세를 월세로 전환하기 위해 계약 만료 전까지 비용을 어떻게 마련해야 할지 계획을 세워야 한다. 필요 자금 확보 계획을 세우고 이를 마련할 수 있다면 월세 전환을 추진하고 마련할 수 없다면 계약 연장이든 신규 전세자를 찾든 추가적인 계획을 세워야 한다. 이 비용을 마련하기 위한 계획을 세우는 것이 첫 번째 할 일이다. 나는 이를 위해 신용대출과 담보대출을 적극적으로 활용했다.

1. 마이너스 통장(신용대출) 활용

아파트 매매 가격이 낮다 보니 신용대출을 최대한 이용했다. 그 당시 내가 샀던 광양 아파트의 평균 매매 가격은 3,800만 원이었다. 그 아파트를 평균 3,300만 원 만큼 전세를 주었다. 500만 원으로 1채를 산 것이다. 신용대출 3,300만 원으로 전세금을 돌려주었다. 추후 담보대출을 실행해서 사용한 금액을 다시 채웠다. 그 후 월세자를 들여 보증금을 추가로 확보할 수 있었다.

대출을 최대한 활용하는 이유는 단순하다. 자기자본을 투자하는 것보다 대출을 이용하면 더 큰 수익률을 확보할 수 있기 때문이다.

예를 들어 앞서 언급했던 3,800만 원짜리 아파트의 월세와 보증금은 200/25만 원이다. 이를 대출 70%를 이용하는 것과 전액 자기자본을 투자하는 것의 수익률을 비교해보자.

1) 대출 70% 활용

매매가: 3,800만 원

대출금: 2,660만 원(이율 3.5%)

대출 이자: 약 7만 7천 원/월

월세: 25만 원/월

보증금: 200만 원

순 투자금: 940만 원

순수익: 17만 3천 원/월

수익률: 22%

2) 자기자본 이용

매매가: 3,800만 원

월세: 25만 원/월

보증금: 200만 원

순 투자금: 3,600만 원

수익률: 8.3%

대출 70%를 이용하는 것(수익률 22%)이 자기자본만 이용하는 것(수익률 8.3%)에 비해 약 2.65배만큼 수익률이 높다. 자기자

본으로 1채에 해당하는 수익을 대출을 이용하면 2.65채 수익을 낼 수 있게 된다. 그래서 대출을 잘 활용하면 같은 비용으로 더 큰 수익을 낼 수 있다. 월세 수익률은 대출률이 높아지면 높아질수록 비례적으로 상승한다. 흔히들 대출을 이용해서 투자하지 말라고 한다. 대출보다 자기가 모은 종잣돈만 가지고 투자해야 안전하다는 것이다. 하지만 그 가정은 확정 수익이 아니라면 그렇다. 주식과 펀드처럼 투자해도 이익을 볼 수 있을지 없을지 정해지지 않을 때 자신의 돈을 투자해야 한다. 그래야 급변하는 상황에서 의연하게 대처할 수 있다. 하루에도 급락 및 급등을 반복하는 주식장에 대출로 투자하면 이를 버텨낼 수 없다. 대출은 빌린 돈이다. 그 빌린 돈이 급락한다면 팔지 않고 버틸 수 있는 사람은 흔치 않다. 그래서 자신의 돈으로 투자해야 하는 게 주식이다. 하지만 부동산은 그렇지 않다. 100% 수익률이 나지 않을 수 있지만, 그 비슷한 수준의 월세 수익은 계산할 수 있다. 확정된 수익을 바탕으로 할 때 대출 활용 여지는 더욱 커져야 한다.

2. 대출 가능 은행 협상

공인중개사를 통해 대출되는 은행 연락처부터 받았다. 그리고 대출이 가능한 최적의 은행을 찾았다. 은행마다 대출 규정이 다르니 대출 조건 및 대출 가능 금액을 확인하고 선택해야 한다. 내가 투자한 아파트는 매매 가격이 5천만 원 이하다 보니 대출되는 곳보다 되지 않는 곳이 많았다. 그래서 미리 대출 가능 여부를 꼼꼼히 확인해야 했다. 그렇게 필요한 서류를 확인하고 준비해서 은행에 찾아갔다.

일반적으로 같은 아파트라도 매수 가격과 대출 실행 시점에 따라 대출 금액은 달라진다. 매입 당시 바로 대출을 실행한다면 매수 가격이 대출금의 기준이 된다. 하지만 전세를 주고 그 후 대출을 실행한다면 그 당시의 평균 매매 가격이 대출금의 기준으로 바뀐다. 대출 실행 시점에 평균 매매 가격이 올라 있다면 오른 만큼 대출금을 더 받을 수 있다. 물론 매수 시점과 전세 후 시점의 평균 매매가 차이가 나지 않는다면 대출금은 같다. 하지만 평균 매매가 이하인 급매로 샀다면 매매가가 변하지 않더라도 많은 대출을 받을 수 있다.

예를 들어 나의 경우 14년 6월에 급매로 3,500만 원의 아파트를 매수한 적이 있다. 바로 월세를 받기보다 전세로 주었다. 전세금은 3,200만 원이었다. 300만 원으로 한 채를 소유할 수

있었다. 그렇게 전세 2년을 주고 만료일인 16년 6월 담보대출
을 실행하였다. 대출하던 당시 LTV가 70%였고 방공제 금액은
1,700만 원이었다. 14년 6월 매입 때까지만 해도 그 아파트의
평균 매매 가격은 4,000만 원이었다. 하지만 16년 6월 평균 매
매 가격은 4,570만 원으로 올라 있었다. 따라서 이를 근거로 대
출금도 증액되었다. 소유권이 이전되다 보니 대출 기준 금액은
매입 가격이 아닌 평균 매매 가격인 4,570만 원이 된 것이다.

매입 당시 대출을 실행했다면 매입 가격 3,500만 원을 기준
으로 대출이 되었을 것이다.

3,500x70%=2,450만 원

방공제: 1,700만 원

대출금: 2,450-1,700=750만 원

하지만 2년 전세를 주고 대출을 실행했기 때문에 2년 후의 평균 매
매 가격 4,570만 원이 대출 기준이 되었다.

4,570x70%=3,199만 원

방공제: 1,700만 원

대출금: 3,199-1700=1,499만 원(실제 1,500만 원을 대출하였다.)

방공제는 부동산 담보대출 실행 시 해당 지역의 최우선 변제액을 말한다. 지역마다 최우선 변제액은 다르다.

- 지방: 1,700만 원
- 광역시, 안산시, 김포시, 광주시, 파주시: 2,000만 원
- 과밀억제권역(서울 제외), 용인시, 세종특별자치시, 화성시: 3,400만 원
- 서울: 3,700만 원

따라서 담보대출에 방공제액을 제한 만큼 대출금은 줄어든다. 방공제의 이유는 세입자를 보호하기 위해 최우선 변제액인 소액임차보증금을 빼는 것이다. 혹시라도 부동산이 경매에 넘어가더라도 소액임차인에 해당한다면 최우선으로 임차보증금을 보호받을 수 있다.

대출 금액은 750만 원과 1,500만 원으로 정확히 두 배가 더 많아졌다. 이처럼 대출 금액은 대출 실행 시점에 따라 많아질 수도 적어질 수도 있다. 대출 시점 역시 전략적으로 세워야 한다. 나는 대출 금액이 커질수록 월세 수익률은 높아지는 것만큼 매수 시점과 대출 시점을 달리했다. 달리하는 방법은 2년간 전세를 주는 것이다. 매수 시 최대한 싸게 사는 급매로 접근 후 이

를 전세로 2년간 돌리고 전세가 끝날 무렵 최대한 대출을 많이
받는 전략을 취한 것이다.

7년차

투자 내공은 눈으로 볼 수 없다.

투자 경험을 단기간 집중해서

쌓는 방법은 빠르게 최적화된

투자 기술을 익히는 것과 같다.

아파트 20채를 보유하다

2017년, 보유한 아파트 수가 20채를 돌파했다. 불과 투자를 시작한 지 6여 년 만에 20여 채의 부동산을 일반 매매로 늘리게 되었다. 그러다 보니 투자하는 과정에서 특정 행동을 반복하고 있다는 사실을 알게 되었다.

투자 과정은 단순하게 보면 4단계로 나눌 수 있다. 투자 물건을 찾고, 계약하고, 잔금을 지불하고, 세입자를 찾는다. 투자하는 동안 이 과정을 수없이 반복했다.

부동산 투자가 익숙하지 않을 때는 한 단계에서도 많은 시간이 소모되었다. 하지만 투자 경험이 쌓일수록 투자를 실행하기까지 걸리는 시간은 점차 단축되었다. 반복된 과정에서 최저의 방법을 찾게 되었기 때문이다.

투자자들은 자금을 투입하기 전까지 다양한 선택지를 만난다. 그리고 그 선택지 중 하나를 골라야 한다. 이때 경험이 없는 초보자는 선택의 순간에 어떤 행동이 최선인지 알지 못한다. 그래서 자신이 아는 지식을 총동원해 각 단계에 적용한다. 그 지식의 출처는 인터넷이 될 수도 있고, 책이 될 수도 있고, 지인의 경험이 될 수도 있다. 하지만 그렇게 찾은 방법은 공통적이지 않고 제각각이다. 그 정보를 제공한 사람 역시 자신이 최선이라고 생각한 방법을 소개하기 때문이다. 개인적인 최선의 방법은 똑같지 않다. 그래서 더 헷갈리게 된다. 경험이 없다 보니 더욱 선택하기 어려워진다.

투자 물건을 찾는 과정을 예를 들어보자. 공인중개사의 추천을 받을 수도 있고, 앱 또는 네이버 부동산을 이용하거나 지역신문을 활용하는 등 수많은 방법을 이용해 투자 물건을 찾을 수도 있다. 다양한 선택지 중 자신에게 맞는 방법인지 아닌지를 알기 위해서 스스로 적용해봐야 한다.

부동산 투자를 크게 4단계로 나눴지만 실제로는 더 많은 세부 항목으로 구성되어 있다. 각 세부 항목에 직접 적용해보려면 많은 시간이 필요하다. 그만큼 최적의 선택을 만드는 과정은 긴 시간이 소요된다. 필요한 시간이 증가할수록 사람들은 부담감과 거부감을 느끼게 된다. 이제 막 투자를 시작하는 사람들이 어려움을 토로하는 것도 이 때문이다. 하지만 그 과정을 묵묵히 이겨내고 꾸준히 한 걸음씩 걸어 나가면 이야기는 달라진다. 어떤 선택이 최선의 방법인지도 뚜렷이 깨닫게 된다. 단계마다 어떤 방법을 적용해야 할지 알게 되는 것이다. 점점 자신만의 방법이 축적되고 실전에서 바로 쓸 수 있게 된다.

여러 행동을 적용한 결과 이 단계에서는 이것, 저 단계에서는 저것 등으로 구분하기 시작한다. 이런 상황에 수십 건의 거래까지 더해진다면 더욱 자신의 뚜렷한 방식을 만들 수 있게 된다.

이처럼 수년간 계속 투자를 해왔다면 패턴이 생길 수밖에 없다. 그리고 크게 의식하지 않아도 자동으로 움직이게 된다. 이

전에는 같은 상황에서 오래 걸렸던 것이 점점 행동으로 이어지기까지의 시간은 줄어든다. 그런 루틴을 만들기 위해서 수많은 시행착오도 거친다. 하지만 특정한 반복된 행동이 우선되어야만 수정하고 보완할 수 있다. 반복하지 않으면 무엇이 잘못되었는지 구분하지 못한다.

직장 생활도 마찬가지다. 근무 연차가 쌓이면 어떠한 업무라도 능숙히 처리하는 단계에 이른다. 자신의 업무를 처리하는 과정을 디테일하게 보면 비슷한 순서로 처리하고 있음을 알 수 있다. 반복된 업무 처리 과정에 자신만의 방식이 만들어지게 되는 것이다. 자신만의 방식은 누적된 경험이 선행되어야 한다.

예를 들어 작업 절차서 개정을 검토한다고 하자. 절차서 개정은 요청 사항이나 개선 사항을 반영해 효율적인 업무 처리 과정을 목적으로 한다. 처음 개정을 하려고 하면 어디서부터 어떻게 검토해야 할지 알지 못한다. 그래서 개정을 요청한 담당자의 이야기에 전적으로 의존한다. 그러면 개정 검토 결과는 자기 생각이 아닌 타인의 생각으로 진행할 수밖에 없다. 이는 곧 올바른 검토 방법이 아니다. 하지만 여러 건의 절차서를 검토하는 경험이 쌓이면 검토 순서가 정해진다. 무엇을 개정하는지?, 그 목적은 무엇인지?, 개정 근거 자료는 무엇인지?, 선행 사례는 어떻게 되는지? 를 개정 담당자에게 자료를 받고 그때부터 검토하기 시작한다. 그 후 의문 사항을 개정 담당자와 협의한다. 그리고 이를 최종 절차서 개정에 반영하는 것이다.

짧은 시간 동안 수십 채의 집을 투자했던 것은 투자 스킬을 쌓는 데 큰 도움이 되었다. 그 기간 수많은 투자 물건을 검토하고 투자하면서 나만의 방식을 적립하였다. 그 후 시간 투자의 효율은 더 높아졌다. 집중 투자 기간이 있었기에 나 자신을 한 단계 업그레이드할 수 있었다.

수많은 현명한 투자자들은 이 같은 집중 투자 기간을 거친다. 이 집중 기간 자신의 투자 기술은 더욱 정확하고 날카로워진다. 워런 버핏은 자신의 주식 투자 스승인 벤저민 그레이엄 회사에서 3년간 근무했다. 쉴 새 없이 투자하며 스승의 투자 스킬을 통째로 배웠다. 워런 버핏은 이런 이야기를 한 적이 있다.

"나의 투자 방식 70%가 벤저민 그레이엄을 통해 배웠다."

만약 '나는 어렵게 투자하고 있는데 고수들은 왜 그렇게 여유롭게 보일까?'라는 생각이 든다면 이렇게 생각하길 바란다.

수십 년간 반복해서 투자하는 동안 자신만의 투자 방법이 생겼기 때문이라고.

지금 당신이 보고 있는 것은 빙산의 일각일 뿐이다. 투자 내공은 눈으로 볼 수 없다. 투자 경험을 단기간 집중해서 쌓는 방법은 빠르게 최적화된 투자 기술을 익히는 것과 같다. 그 이후 시간은 적게 투입되지만, 투자 승률은 더 높아진다.

비수기 급매 물건에 집중하다

물건을 매도하기 위해 부동산 광고를 할 때가 있다. 그 광고를 보고 매수자의 문의 빈도에 따라 지금 부동산 시장 분위기를 대략 파악할 수 있다. 문의가 많다면 매수를 고려한 투자자가 많다고 생각한다. 반대로 광고를 한 지 오래 지났는데도 문의가 없다면 그 반대의 상황을 짐작한다. '분위기가 안 좋나?, 내 물건에 문제가 있나?, 내가 내놓은 가격이 적정하지 않나?' 등의 의구심이 든다. 곧 매도자는 흔들리기 시작한다. 부동산 시장 상황이 좋지 않다는 느낌을 받을 때 가격이 조정될 가능성이 크다.

문의가 많이 들어올 때 매수세로 인식해 가격이 오를 여지가 생기는 것처럼 문의가 적을 때 매수세가 없는 신호로 여겨 매도 가격은 하락할 가능성이 커진다. 가격은 수요와 공급을 따르기 때문이다. 매수하는 사람이 없다면 부동산 매도 물량은 점점 누적된다. 그렇게 공급은 점차 많아진다.

그렇다면 어느 시점에 공급이 많아질지 예상할 수 있을까? 바로 부동산 비수기다. 비수기는 겨울과 여름으로 12월, 1월, 2월, 7월, 8월에 해당한다.

실제로 내가 매수 계약했던 날짜를 검토한 적이 있다. 그전까지 계약 만료일과 월세 현황 등만 관리했지 매수 당시의 날짜는 신경 쓰지 않았다. 현황 관리가 중요하지 과거 매수 시점은 중요하지 않다고 생각했기 때문이다. 하지만 20여 채의 보유 부동산의 계약 시기를 한꺼번에 검토하자 특정한 월에 매입하였음을 알게 되었다.

12월, 1월, 2월, 7월, 8월. 부동산 비수기였다. 보유 부동산 90%가 이 시기에 계약을 체결하였다. 계약했을 때만 해도 의도적으로 그 날짜에 맞춰 매수하지 않았다. 단지 급매 물건이 유독 그 시기 많이 몰렸을 뿐이었다.

나는 언제나 급매 물건 외에는 관심을 두지 않았다. 매수하는 입장에서 싸게 사면 살수록 좋다. 싸게 사면 살수록 현재 그리고 미래 수익은 높아진다. 평균 매매 가격으로 나온 매물은 눈길조차 주지 않는다. 하지만 급매라고 판단되는 가격에 나온 물건은 다르다. 매입을 계획하고 있는 중에는 즉시 공인중개사에게 연락했다. 그리고 내부 사진, 수리 유무, 등기부 등본만 확인한 후 문제가 없다면 바로 가계약금부터 넣었다. 그 공통적인 매수 시기가 비수기였다.

예전에는 특정 시점에 의도적으로 물건을 보지 않았다. 하지만 지금은 다르다. 투자를 고려한다면 비수기에 집중한다. 비수기와 그 외 시기 집중도를 나눠보면 9:1로 비수기에 더 많은 시간을 투자하고 있다.

20여 채가 넘어가는 부동산을 보유하는 동안 계약 관리의 중요성을 더욱 깨닫게 되었다. 각 부동산은 계약 만료 기간이 다르다. 따라서 만료일이 다가오기 시작하면 계약 연장을 할지, 전세를 월세로 전환할지, 혹은 전·월세를 증액할지 정해야 한다. 이러한 선택은 현재의 부동산 시장 상황에 따라 유동적이다.

예를 들어 인터넷 부동산 검색을 통해 주변 전·월세 물량이 많다는 사실을 확인한다면 기존 세입자와 계약 연장을 고려해야 한다. 반대로 전·월세 물량이 부족하다면 전세금이나 월세 증액을 생각할 수 있다. 그리고 계약 만료일이 부동산 비수기에 해당하는 날짜라면 계약 기간을 연장한 후 만료될 수 있게 협상해야 한다. 비수기에는 부동산을 찾는 사람이 없으니 그 기간을 피하는 것이다.

●TIP

부동산 시장 상황에 맞춰 계약 만료에 따른 선택은 다양해진다. 현명한 투자를 위해서는 사전 조사를 해야 하므로 각 계약 만료일을 미리 파악해야 한다. 여러 채를 관리한다면 한눈에 볼 수 있게끔 계약 만료일을 정리해두는 게 좋다.

풀옵션 전략을 취하다

2016년부터 계약 만료에 맞춰 변화를 준 적이 있다. 풀옵션 시도였다. 풀옵션 시도란 부동산 소유주가 가전제품을 구매해 기존 부동산에 채우는 것이다. 이 시도를 통해 월세를 증액할 수 있다. 풀옵션에는 5가지 가전제품이 포함된다. 텔레비전, 냉장고, 에어컨, 가스레인지, 세탁기다.

맨 처음 이 시도를 하기 전에 공인중개사에게 문의해 본 적이 있다. 긍정적인 시각은 많지 않았다. 왜 잘 받고 있는 월세 세입자를 빼고 풀옵션 시도를 하는지 이해하지 못하였다. 하지만 한번 다른 변화를 주고 싶었다. 도약 점을 만들고자 한 것이다. 그 도약 점을 만들기 위해 도전해야 했다. 도전의 결과는 예상과 같으면 좋겠지만 실패에 그칠 수도 있다. 그 책임은 온전히 자신이 져야 한다. 실패가 예상될 때 도전은 쉽지 않지만 한번 도전해 보기로 했다. 실패보다 더 많은 성장과 기회를 계산할 수 있었기 때문이다. 그리고 그 도전 후 지금은 정확히 안다. 소형 아파트 풀옵션 전략은 장점이 너무나 많다는 사실을 말이다.

풀옵션은 생활환경을 개선한다. 세입자 입장에서 가전제품을 구매하는 것은 한꺼번에 많은 시간과 비용이 든다. 언제까지 살지도 모르는 집에 큰 비용을 지출하는 것은 부담스럽다. 따라서 1인 가구에 해당하는 세입자는 풀옵션을 선호한다. 이에 해당하는 부동산이 원룸이다.

하지만 원룸은 주거 공간이 협소하다. 그리고 아파트만큼 주변 편의 시설이 발달해 있지도 않다. 그런데도 풀옵션 원룸과 풀옵션 아파트의 월세는 같거나 비슷하다. 같은 가격이라면 원룸보다 소형 아파트를 선호할 수밖에 없다. 방도 나뉘어 있고 두 배 정도 크기의 공간을 더 활용할 수 있기 때문이다. 세입자가 느끼는 장점은 집 소유주도 안다. 풀옵션의 장점을 열거하자면 다음과 같다.

첫 번째, 무옵션보다 월세를 더 많이 받을 수 있다.

월세를 얼마나 받느냐에 따라 월세 수익률이 정해진다. 많이 받을수록 수익률은 더 높아진다. 비용 대비 수익률을 극대화할 수 있는 것이 풀옵션 월세다. 투자금은 100여만 원이지만 월세는 5만 원에서 10만 원정도 증액할 수 있다. 5만 원이라면 20개월, 즉 1년 8개월 정도면 투자금을 회수할 수 있고 10만 원을 증액한다면 10개월이면 충분하다. 그 이후로는 순수익으로 계속 이어진다.

두 번째, 전세 전환 시 전세금을 증액할 수 있다.

대부분 풀옵션 아파트는 월세에 한정된다. 그러다 보니 풀옵션 전세는 희소성이 있다. 주변을 보더라도 전세 아파트가 풀옵션인 경우는 거의 없다. 희소성을 가진 것만큼 전세금 역시 증액할 수 있다. 전세금은 일반 전세보다 10~20% 정도 증액된다.

세 번째, 매매 시 가격을 높일 수 있다.

매도하는 아파트의 가격을 상승시키는 요인 중 하나는 옵션의 유무다. 어떤 옵션이 추가되었느냐에 따라 매수 가격은 상승조정될 여지를 가진다. 따라서 풀옵션 아파트는 기존 아파트보다 더 높은 매수가를 형성하고 있다.

이러한 장점을 예상하고 계약 만료에 맞춰 하나둘 풀옵션 전환을 시작하였다. 하지만 처음부터 순조롭게 진행된 것은 아니다. 처음에는 전자제품 구매 비용을 줄이기 위해 중고물품을 시도했다. 하지만 저렴한 비용보다 더 큰 단점을 경험하고야 말았다.

첫 번째, 배송 시 주문자가 반드시 집에 있어야 한다.
배송 기사가 1명이다 보니 세탁기와 냉장고처럼 큰 물건을 혼자 옮길 수 없다. 따라서 구매한 사람이 제품 이동을 함께해야 집 안으로 이동시킬 수 있다. 그 당시 해외 근무를 하고 있었다. 풀옵션을 시도할 때마다 한국에 가야 하는 것은 불가능했다.

두 번째, 중고물품 상태를 확인할 수 없다.

중고 업체는 중고물품을 대량으로 관리하다 보니 물건의 상태를 디테일하게 알지 못한다. 그래서 제품 상태의 편차는 클 수밖에 없다. 제품 표면에 흠이 심하다거나, 작동 시 소음이 심하다거나, 색이 변색하였다거나 하는 식이다. 그렇다 보니 주문 시 제품 상태가 양호하기를 운에 맡겨야 하는 상황이 발생했다.

중고물품을 싸게 샀다는 만족감보다 물건 상태를 확인한 후 실망감이 더 컸다. 하지만 일단 구매했고 어렵게 집에 넣어뒀으니 풀옵션 광고를 시작했다. 아니나 다를까 풀옵션을 찾던 세입자도 안에 있는 물건 상태를 보고 무옵션으로 계약하겠다고 했다. 집에 있는 제품을 빼달라는 것이다. 투자했던 금액을 손해 보는 상황에서 고민하였지만 달리 선택 사항은 많지 않았다. 세입자의 의견대로 내부 제품을 폐기 처분할 수밖에 없었다. 첫 번째 소형 아파트 풀옵션 시도는 실패로 돌아갔다.

그 후 새 가전제품으로 다시 풀옵션에 도전하였다. 중고제품과의 가격 차이가 크지 않다는 사실을 확인했기 때문이다. 하자가 전혀 없는 새 제품을 들이니 중고물품 풀옵션 시도와 다르게 큰 만족감을 얻었다. 그리고 그 후 10여 건 이상 풀옵션 변경을 하다 보니 몇 가지 깨달은 점이 있다.

나는 풀옵션 물품 5가지 중 가스레인지를 제외한 가전제품을 가격 비교 사이트를 통해 최저가로 맞춰 산다. 여기에 핵심 포인트가 있다.

첫 번째, 첫 풀옵션 시도로 가전제품을 산다고 하면 매입 가격을 더 많이 고민하고 고려해야 한다.

당연한 이야기이지만 최대한 싸게 사야 한다. 가전제품은 시간과 해당 날짜에 따라 가격이 달라진다. 최대한 싸게 샀다고 생각하는 그 비용이 최저가가 아닐 수도 있다는 말이다. 따라서 첫 구매 시 더 많은 시간을 들여 최적의 가격에 접근해야 한다. 또 다른 풀옵션 제품 구매 시 처음 샀던 비용이 기준이 되기 때문이다.

두 번째, 구매 시 배송비와 설치비 포함 여부를 확인해야 한다.

가전제품을 구매할 때 무조건 배송비와 설치비가 포함되어야 한다. 같은 가격임에도 배송비와 설치비를 따로 요구하는 업체가 있다. 따라서 비교 검토로 최적의 가격과 상품을 찾는 게 핵심이다. 특히 에어컨은 실외기 설치 위치에 따라 비용이 달라진다. 실내 혹은 실외냐에 따라 무료에서 15만 원까지 추가된다. 그래서 나는 추가 설치비가 없는 실내 설치를 선호한다.

　세 번째, 가스레인지는 중고로 구매한다.

　풀옵션 5가지 중 유일하게 중고나라를 이용하는 것이 있다. 가스레인지다. 중고나라에는 새것과 같은 중고물품이 많다. 잘 찾으면 저렴한 비용으로 고품질의 제품을 구매할 수 있어 소비 만족감을 높여준다. 하지만 아무리 좋은 제품이라도 가격이 비싸면 의미가 없다. 앞서 얘기했던 텔레비전, 냉장고, 에어컨, 세탁기는 부피가 크고 무게가 무겁다. 따라서 아무리 싸게 내놓은 물건을 중고나라에서 발견한다고 하더라도(4가지 모두를 판매하는 사람을 찾기도 어렵지만) 이를 옮기기 위해 용달 비용이 추가로 든다. 배보다 배꼽이 더 커질 수 있다. 또한 앞서 중고물품 풀옵션 실패 사례에서도 언급했듯이 제품 도착 후 집까지 옮기기 위해 자신이 직접 도와야 한다. 하지만 가스레인지는 다르다. 부피가 작아 일반 편의점 택배를 이용할 수 있다. 또한 워낙 가스레인지를 파는 판매자가 많다 보니 새 상품 대비 1/3 정도의 가격에 고품질의 가스레인지를 구매할 수 있다. 그래서 유일하게 중고나라를 이용해서 구매하는 제품이 이 가스레인지다.

네 번째, 배송 요청 사항을 기재한다.

나는 위와 같은 풀옵션 시도 10차례를 해외에서 진행했다. 풀옵션 시도를 한 지역은 전국이었다. 그리고 중고물품을 배송받은 1회를 제외하고 단 한 번도 배송을 받기 위해 그 지역에 직접 방문한 적이 없다. 해외 있으면서 물품을 다 받았다는 말이다. 제품을 직접 받을 수 없는데 어떻게 가능했을까?

나는 항상 배송 요청 사항에 아래와 같은 문구를 추가한다.

'일단 도착 전 전화해주시고요, 집 안에 아무것도 없어요. 현관 비밀번호 OOOO 누르고 설치해주세요.'

배송받을 전화번호는 아버지의 번호를 기재했다. 이런 배송 요청으로 단 한 번도 직접 가지 않고 해외에서 풀옵션 작업을 진행할 수 있었다.

다섯 번째, 폐가전 수거 업체를 부른다.

혹시라도 풀옵션 진행 도중 제품의 노후화로 폐기 처분해야 할 때가 있다. 이때, 이를 실행하기 위해 용달을 불러야 할지, 아니면 경비실 옆에 둬야 할지 걱정된다면? 걱정할 필요가 없다. 인터넷 무료 폐가전 수거 사이트를 통해 장소와 시간만 예약하면 알아서 수거해준다. 물론 그 비용은 공짜다.

부동산 1채에 모든 답이 있다는 것을 깨닫다

　우리나라 최고 부동산 부자의 보유 채 수를 아는가? 2,291채다. 광주에 사는 60대로, 엄청난 수의 부동산 보유하고 있다. 보통 부동산을 보유하면 자연스레 그에 따른 문제가 발생한다. 그리고 그 문제의 빈도와 경우의 수는 보유 채 수에 따라 비례하여 증가한다. 많이 가지고 있을수록 많은 문제를 접하게 된다. 그렇다면 2,291채를 보유하고 있으니 거의 모든 부동산 관련 문제를 다뤄보았다고 볼 수 있다. 보통 문제를 접하고 해결하는 과정에서 자신만의 노하우가 쌓인다. 그 노하우가 바탕이 될 때, 부담 없이 부동산을 더 늘려갈 수 있다.

예를 들어 부동산 2채를 보유하고 있는 A라는 사람이 있다. 2채 모두 월세를 받고 있는데 세입자가 월세를 미납해 골머리를 앓고 있다. 그런 상태에서 A는 부동산 추가 매수를 꺼리게 된다. 2채도 관리 못 하는데 1채를 더 늘리는 것이 부담스러운 것이다.

실제로 급매로 팔던 매도자들은 이의 경우가 많았다. 소유하면서 겪는 스트레스로 부동산 전부를 급하게 매도한 것이다. 부동산은 한 번 사고 끝이 아니다. 매수한 후에도 계속 부동산 관리 능력을 키워야 한다. 그래야 현재 보유한 부동산을 지키거나 1채를 더 늘려갈 수 있다.

2018년 초 부동산 거래를 하던 중 우연히 2,291채 부동산 소유자의 관리자를 만난 적이 있다. 그는 부동산 소유자의 전담 법무사였다. 그에 따르면 2,291채 소유자는 자신의 부동산을 정리하기 시작했다고 했다. 그리고 정리한 자금을 땅 투자로 넘기고 있다는 얘기를 들었다. 아니나 다를까 2018년 중반에 발표한 우리나라 임대사업자 등록 최고 채 수는 많이 달라졌다. 1

위가 604채 부산이고, 3위가 531채 광주였다. 2,291채 소유자
는 1,700채 정도 매도한 것으로 추정된다. 1,700채를 매도했다
면 그에 따른 차액으로 엄청난 수익을 냈을 것이다.

과연 그 부동산 고수는 처음부터 2,291채를 보유했을까? 그
렇지 않다. 그는 자수성가형으로 1채를 보유하던, 즉 이제 막 부
동산 투자에 입문했던 시절도 있었다. 우리와 마찬가지로 투자
할지 망설이고 보유하며 생기는 문제를 고민했던 때가 있었다.
그래서 나는 그 시작점인 1채에 주목한다. 부동산 투자 연차가
늘고 보유 채 수가 늘어남에 따라 이 1채의 중요성을 너무나 크
게 느끼고 있기 때문이다.

부동산 1채를 다루는 데는 다양한 경영지식이 포함된다. 가
격 추이 분석, 거래 협상, 비용 절감 등 실제 경영대학교에서나
배울 수 있는 지식이 쓰인다. 이는 실제 MBA 입학 후 수강 과정
에서 배웠던 지식이다. 따라서 1채를 보유하느냐 또는 하지 않
느냐에 따라 자신의 능력을 확장할 수 있고 없음을 나타낸다.
경험하지 못하면 배울 수 없다.

예를 들어 부동산을 적정한 가격에 매입하기 위해 매도 가격
을 파악해야 한다. 이를 위해 최근 실거래가를 분석해야 한다.

이 과정에서 어떤 가격에 거래가 되고 어떤 가격으로 매수해야 적정한지 파악한다. 또한 현재 매수 가격이 지속해서 하락하고 있다면 앞으로 더 내려갈 수 있음을 고려해야 한다. 이를 고려한 급매 가격 설정이 필요하다. 미래에 발생할 수 있는 손실까지 반영하는 것이다.

또한 매수 가격 조정을 위해 협상 과정을 거쳐야 한다. 어떻게 협상을 하느냐에 따라 매수 가격은 달라진다. 매매 가격을 다운시킬 수 있는 자신만의 노하우를 개발한다면 투자금은 줄어든다. 이는 비용 절감으로 이어지고 수익률을 높일 수 있다.

세입자가 거주하면서 생기는 문제 해결 또한 마찬가지다. 보일러 고장, 천장 누수, 월세 미납 발생 등이 그것이다. 이런 문제에 효율적으로 대응해야 한다. 효율적인 방법을 아느냐 모르냐에 따라 문제의 크기는 달라진다. 같은 문제지만 받아들이는 사람에 따라 그 강도는 다르다. 효율적인 관리 노하우가 없는 경우 하나를 해결하는 데도 많은 시간과 노력이 필요하다. 자연스레 스트레스가 동반된다. 하지만 관리 능력을 쌓을수록 유연한 대처가 가능해진다. 이를 통해 시간과 비용을 아낄 수 있다.

부동산을 취득, 보유, 양도에 따른 절세 방안 역시 고민해야 한다. 적을 알고 나를 알 때 백전백승이란 말이 있다. 세법 역시 이와 같다. 정확히 알 때 합법적인 세금 절약법을 찾을 수 있다. 알아야지 세금을 줄일 수 있다. 세법은 시기와 정권에 따라 시시각각 바뀐다. 그런 이유로 부동산 공부를 계속해야 한다. 알아야 절약할 수 있다.

나는 실제 MBA 과정에 배웠던 지식을 부동산 투자에 접목하고 있다. 경영, 확률, 통계, 생산관리 등 MBA 과정에 배운 내용을 부동산을 소유하며 또다시 배우게 되었다. 자금 관리, 매도 가격 분석, 부동산 시장 흐름 파악, 비용 절감 과정 등이 그것이다. 그러니 부동산 1채를 보유하는 것은 MBA 과정을 수강하는 것과 별반 다르지 않다는 사실을 깨달았다. 하지만 기억할 것이 있다. 대충해서는 안 된다는 것이다. '그냥 대충 어떻게 되겠지!' 하는 마인드는 MBA 과정 수료 기회를 놓치는 것과 같다.

우리는 알고 있다. 학창 시절 대충 공부했던 과목은 인생에 어떠한 도움도 되지 않는다는 것을 말이다. 대충 공부하면 체계적인 학습 과정을 거치지 않게 된다. 이런 과정 없이는 단편적인 지식만 쌓이게 된다. 앞뒤 전후 과정을 알아야 정보를 서로 연결할 수 있다. 그래야 오래 기억된다. 반대로 앞뒤 전후 과정을 모르는 상태에서 유입된 지식은 고립된 지식으로 금방 잊어버린다. 하기 싫은 공부를 억지로 하는 것이 이와 같다. 암기밖에 되지 않는다. 암기는 시험 성적을 받기 위한 공부다. 시험이 끝나면 아무것도 남지 않는다.

부동산 투자도 마찬가지다. 부동산 1채를 매입하고 관리하는 과정을 스스로 선택해야 한다. 억지로 시켜서 하는 공부가 아닌 좋아하는 과목과 같이 임해야 한다. 처음에는 모르는 부분이 많다. 하나둘 알아가는 과정도 쉽지 않다. 그러다 보면 시간과 비용을 아끼기 위해 빠른 길을 찾고 대충하게 된다. 대충할수록 단편적인 지식밖에 쌓이지 않는다. 정보는 서로 연계되고 서로 물릴 때 응용을 할 수 있는 살아있는 지식이 된다. 다양한 관심을 가지고 정보를 접해야 한다. 그리고 이 정보를 자신만의 파일로 정리하는 것이 좋다. 이를 통해 자신만의 진짜 정보가 쌓이게 되고 부동산 투자 기술은 늘어간다. 자연스레 스스로 성장하는 것이다.

부동산 세금 절세 노하우

유튜브 채널을 운영하며 백문백답 시간을 통해 여러 질문을 받고 있는데, 가장 많은 질문 중 하나가 임대사업자에 관한 것이다. '임대사업자 등록을 해야 하나 말아야 하나'와 '어떤 임대사업자를 선택해야 하나'를 물어보는 사람이 많다. 임대사업자 등록이 의무가 아니다 보니 어떻게 하는 게 자신의 상황에 더 유리한지를 궁금해하는 것이다. 임대사업자의 종류는 크게 두 가지다. 단기민간 임대주택(4년 의무 임대)과 장기일반민간 임대주택(구 준공공임대주택, 8년 의무 임대)이다.

임대사업자 등록을 고려하는 이유는 부동산 세금 혜택을 보기 위해서다. 합법적으로 세금을 줄이는 노력은 절세로 통한다. 따라서 세제 혜택을 보기 위해 부동산 세금 종류를 사전에 알고 어떤 방법을 자신에게 적용할지 검토해야 한다.

부동산에 해당하는 세금은 크게 세 가지로 나눌 수 있다.

1. 부동산 취득세
2. 부동산 보유세에 해당하는 재산세와 종합부동산세(종부세)
3. 부동산 양도소득세(양도세)

임대사업자 등록을 하면 신규 취득 부동산에 대해 취득세 감면 혜택을 받고 보유세인 재산세와 종부세가 감면되며 양도소득세 역시 감면 혜택을 받는다.

취득세 감면은 신축에 한하며 전용 면적 $60m^2$(18평) 이하의 경우 취득세가 200만 원 이하일 때 면제, 취득세가 200만 원 초과하면 85% 감면이다.

전용 면적 $60\sim85m^2$(18~25평)의 경우 20채 이상의 부동산을 8년 이상 장기임대를 목적으로 취득한 경우 취득세 50%로 감면된다(20채 이상을 신규로 매입하는 것 자체가 드물기 때문에 이에 해당하는 사람은 많지 않을 것이다).

구분		전용 면적(m²)			비고
		40 이하	40~60	60~85	
취득세 (지특법 제31조, 제177조의2)	단기· 공공지원· 장기일반	200만 원 이하: 면제 200만 원 초과: 85% 감면		50% 감면 (8년 이상 장기임대 목적으로 20호 이상 취득한 경우)	① 2021.12.31일까지 감면 적용 - 공동주택 신축/공동주택· 주거용 오피스텔을 최초 분양받은 경우에 한정 - 신축의 경우, 토지 취득일로부터 2년 이내 정당한 사유 없이 착공하지 아니한 경우는 제외
재산세 (지특법 제31조, 제31조의3 제177조의2)	단기	50% 감면		25% 감면	② 2021.12.31일까지 감면 적용 - 공동주택 또는 오피스텔을 과세 기준일 현재 2세대 이상 임대 목적으로 직접 사용하는 경우 - 다가구주택은 모든 호수의 전용 면적이 40m² 이하이면서 공공지원 또는 장기일반으로 등록한 경우
	공공지원· 장기일반	50만 원 이하: 면제 50만 원 초과: 85% 감면	75% 감면	50% 감면	

재산세의 경우(그림 참조) 중요하게 보아야 할 것이 있다. 바로 재산세 면제 구간이다. 공공지원 및 장기일반 임대사업자(8년)의 경우 전용 면적 기준 40m²(12평) 이하, 재산세가 50만 원 이하일 때 재산세가 면제된다. 이를 실제 적용하면 도움이 된다.

예를 들어 자신이 사려는 소형 아파트가 있다면 최우선으로 전용 면적 기준 40m²(12평) 이하의 아파트를 검토해보는 것이다. 지금은 아니더라도 임대사업자를 등록할 경우의 수를 고려해 사전에 이를 계획하는 것도 하나의 방법이다.

종합부동산세의 경우 임대사업자를 등록하면 종부세가 합

산 배제된다. 단 합산 배제가 되지 않는 경우도 있다. 2018년 9월 13일 이후 조정대상 지역에 신규 취득 주택과 매매가 수도권 6억/비수도권 3억 이상 또는 8년 이하 임대 시 배제되며 전용 면적 기준 149m²(45평) 초과, 매매가 6억 이상, 2호 이하, 8년 이하 임대 시 배제된다.

종합부동산세 (종부세법 제8조)	민간건설임대	합산 배제	① 전용 면적 149m² & 6억 이하 + 2호 이상 + 8년 이상 임대 시 적용
	민간매입임대		① 수도권 6억/비수도권 3억 이하 + 1호 이상 + 8년 이상 임대 시 적용

※ (2018.10.23. 개정) 1주택 이상자가 조정대상지역에 새로 취득한 주택은 임대 등록 시에도 종부세 합산 과세
　단, 2018.9.13. 이전에 주택을 취득하거나 매매 계약을 체결+계약금 지급한 경우에는 종전 규정 적용

양도소득세의 경우는 아래와 같다.

양도소득세 (소득세법 제95조, 조특법 제97조의3)	① 양도소득세 장기보유특별공제율 적용(소득공제율)							
	구분	3~4년	4~5년	5~6년	6~7년	7~8년	8~9년	9~10년	10년~
	미등록	6%	8%	10%	12%	14%	16%	18%	20~30%
	단기	6%	8%	10%	14%	18%	22%	26%	30~40%
	공공지원 장기일반	6%	8%	10%	14%	18%	50%	50%	70%

※ 해당 기간 동안 계속하여 임대주택으로 등록하고, 임대한 경우에 한정
※ 조특법 제97조3은 주택법 제2조 제6호에 따른 국민주택규모 이하의 주택만 적용
② 다주택자 중과 배제/장특공제 적용 대상(8년 이상 임대 시)

가장 주요하게 볼 항목은 8년 이상 되는 해의 소득공제율의 변화다. 8년 이하의 경우 임대사업자 등록과 미등록의 소득공제율 차이는 4%밖에 나지 않는다. 하지만 8년 이상 되는 해부터 임대사업자 등록과 미등록은 확실히 차이를 보이기 시작한

다. 만 8년 보유하는 해의 양도차액은 장기, 단기, 미등록 50%, 22%, 16%로 임대사업자 등록을 하더라도 큰 격차를 보인다.

정리해보면, 임대주택 세제 해택은 소형 아파트에 집중되어 있음을 확인할 수 있다.

취득세 면제 구간: 전용 기준 60m²(18평) 이하, 200만 원 이하

재산세 면제 구간: 전용 기준 40m²(12평) 이하, 50만 원 이하

종부세 합산 배제: 매매가 기준 수도권 6억/비수도권 3억 이하

양도세 역시 마찬가지다. 양도차액의 세율은 일반 과세를 따른다.

* 다주택자 양도소득세율

구 분	보유 기간	세 율
일반 지역	1년 미만	40%
	2년 미만	기본 세율

기본 세율 및 중과 세율				
과세 표준	기본 세율	2주택자 (+10%p)	3주택자 (+20%p)	누진공제
1,200만 원 이하	6%	16%	26%	—
1,200만 원 초과 4,600만 원 이하	15%	25%	35%	108만 원
4,600만 원 초과 8,800만 원 이하	24%	34%	44%	522만 원
8,800만 원 초과 1억 5천만 원 이하	35%	45%	55%	1,490만 원
1억 5천만 원 초과 3억 원 이하	38%	48%	58%	1,940만 원
3억 원 초과 5억 원 이하	40%	50%	60%	2,540만 원
5억 원 초과	42%	52%	62%	3,540만 원

양도차액이 클수록 세금 요율이 높아진다. 월급이 증가할수록 더 많은 세금을 내는 것과 마찬가지다. 하지만 3억 원 연봉자와 3천만 원 연봉자 10명의 총합은 같다고 하더라도 세금은 차이가 난다. 실제로 계산해보면,

3억 원 연봉자 1명의 세금= 3억 원x38%-1,940만 원(누진공제)=9,460만 원

3천만 원 연봉자 10명의 세금= 3천만 원x세금x10=(3천만 원x15%-108만 원(누진공제))x10=342만 원x10=3,420만 원

3억 원 연봉자 한 명의 세금이 3천만 원 연봉자 열 명의 세금 보다 6,040만 원 많다. 총액이 같더라도 세금 요율에 따라 결과 값은 큰 차이를 보일 수 있다.

부동산도 마찬가지로 3억 양도차액 1채보다 3천만 원 양도 차액 10채가 세금에서 더 혜택을 보게 된다. 양도차액 역시 소형 아파트가 유리하다. 하지만 이러한 장점에도 임대사업자 등록을 고민하게 하는 두 가지가 있다.

1. 연 5% 임대료(임대보증금+월임대료) 인상 제한

2. 의무 보유 기간 4년, 8년

　- 단기민간 임대주택: 4년 의무 임대

　- 장기일반민간 임대주택(구 준공공임대주택): 8년 의무 임대

임대사업자 등록 시 최초 설정한 임대료 이후 세입자가 바뀌 더라도 1년에 5%로 인상을 제한하며, 의무 보유 기간 동안 팔 수 없다는 문제점이 있다.

따라서 앞으로 4년 이상 장기투자를 고려할 경우 혹은 전세 금 혹은 월세가 이미 상승된 경우, 월세로 전환한 경우라면(임대 료 5% 인상 제한 주 타깃이 전세금이지 월세가 아니며, 갑작스런 월세 상승보

다 전세금이 상승한 경우가 대부분이다.) 임대사업자 등록을 고려해볼 필요가 있다.

하지만 임대사업자 등록 여부 기준은 개인마다 다르다. 실질적으로 임대사업자 등록을 하는 이유는 보유세가 부담스럽기 때문이다. 종부세는 아파트 채 수가 늘어남에 따라 가파르게 증가한다. 과세 표준 기준 6억 이하는 과세하지 않다가 그 이상 금액부터 과세되기 때문이다. 재산세 최소 세금 요율이 0.1% 반면에 종부세는 0.5%다. 5배가 높다. 채 수가 증가되며 증액되는 세금의 강도가 높다는 것이다.

따라서 지금 내는 종부세가 부담스럽다면 임대사업자를 등록하고 부담스럽지 않다면 등록하지 않는 것도 좋다. 개인마다 부담스러운 기준은 다르다. 100만 원이 부담스러운 사람과 500만 원 정도가 되어야 부담스러운 사람이 있듯 각 개인차가 존재한다. 결론은 간단하다. 올해 나온 종부세가 부담스럽다면 지금 바로 임대사업자 등록을 해야 한다.

8년 차

첫 변화는 작지만, 지속할수록 그 변화의

크기는 커진다. 우리 인생에 지금 당장

작은 변화를 시도해보는 건 어떨까?

부동산 투자 문의를 받다

보유 채 수에 따라 부동산을 대하는 마인드가 달라졌다. 보유 채 수가 10채 정도일 때까지는 지인들에게 말하고 싶었다. 그리고 실제 이를 알렸다. 27살 이전까지 부동산 투자에 대해 전혀 모르고 살았다. 그래서 점차 늘어나는 보유 채 수는 나에게 새로운 사실이었다. 스스로 변하고 있는 것만큼 뿌듯하고 기뻤다. 사람들과 이를 나누고 싶었다.

하지만 10채 이상 소유하기 시작하자 점점 이야기하지 않게 되었다. 그리고 20채가 넘어가자 전혀 이야기하지 않고 있다.

나에게 보유 채 수의 증가는 더는 새로운 사실이 아니기 때문이다. 말을 한다고 해도 변하는 것이 없음을 깨달았을 때 의미가 없다고 느껴졌다. 말하기 전과 후에 달라지는 것은 아무것도 없었다.

어린 시절 새로운 장난감을 샀던 직후 친구들에게 자랑하던 모습을 기억하는가? 새로워서 이야기한다. 하지만 그 장난감을 소유한 후 일정 시기가 지나면 더는 새롭지 않게 된다. 자연스레 친구들 앞에서도 이야기하지도 않고 장난감을 가지고 노는 시간 역시 줄어든다.

진정한 부자들이 돈 자랑을 하지 않는 이유와 마찬가지다. 그들은 자신이 부자라고 스스로 증명하지 않는다. 자신의 부를 드러낼 필요가 없다고 생각한다. 굳이 말하지 않아도 자산이 변하지 않는다는 사실을 알기 때문이다.

또한 부자들은 지금까지 지내오면서 자신이 부자라고 이야기하면 득보다 실이 더 많다는 사실을 경험했다. 지인들이 돈이 많다는 사실을 알고 돈을 빌려달라고 찾아온다거나 사기꾼들이 수시로 접근하는 등 난감한 상황을 겪었다. 그래서 부자들은 굳이 자신의 부를 알리지 않는다. 그들의 옷차림을 보면 수수하다. 평범한 옆집 이웃과 같은 차림이다. 우리는 으레 부자들은 부자임을 티 내며 산다고 생각한다. 하지만 실제로는 정반대인 경우가 많다. 부자는 부자처럼 보일 필요성을 느끼지 못한다. 부자처럼 보이지 않는다고 부자라는 사실은 변하지 않는 것을 잘 알고 있기 때문이다.

하지만 이제 막 부자가 된 사람은 다르다. 소위 벼락부자라고 이야기한다. 어제와 오늘의 차이가 클수록 주변 사람들에게 이야기하고 싶어진다. 변화된 모습을 스스로 확인하고 싶은 것이다. 나 역시 부동산 보유 10채가 그 경계였다. 하지만 말하지 않을수록 더 많은 사람이 궁금해했다. 20채 이상을 보유하게 되자 회사 동료들의 관심도가 점차 높아짐을 실감했다. 그리고 실제로 부동산 투자에 관해 묻는 사람이 많아졌다.

부동산 투자에 관심 있던 사람들은 투자 물건을 추천해주길 원했고 부동산 투자에 관심이 없던 사람들은 어떻게 투자해야 하는지 질문했다. 한 살 많은 회사 선배가 딱 후자의 케이스였다. 9년 전 입사할 때부터 알고 지낸 분이었다. 내가 아는 그분은 부동산 투자에 관심이 전혀 없었다. 하지만 최근에 부동산 투자에 관해 조언을 구하러 나를 찾아왔다. 놀라웠다. 단 한 번도 부동산 투자에 관해 물어보지 않던 그가 어떤 계기로 변하게 되었는지 궁금했다. 그 이유를 물으니 이렇게 얘기했다.

"주변을 보니, 다들 알게 모르게 부동산 투자를 하고 있더라고요. 그래서 위기감이 느껴졌어요. 나만 뒤처지고 있는 것 아닌가? 라는 불안감이 증가했죠."

그렇게 몇 번의 조언을 받고 실제 투자로 이어지게 되었다. 그가 내게 건넨 말이 기억에 남는다.

"부동산 투자를 왜 이제야 시작했는지 너무나 아쉽습니다. 부동산 투자가 삶에 너무나 큰 활력소가 되고 있어요. 그리고 어렵게만 생각했는데 그렇게 어렵지 않다는 사실을 깨달았고요. 그리고 지금 2번째 투자를 계획하고 있습니다."

사람은 위기감을 느낄 때 움직인다. 자기 자신에게 물어보라. 위기감을 느끼고 있는지. 움직이지 않는 사람들의 공통점을 보면 많은 시간을 비슷한 환경 속에 살고 있다는 것을 알 수 있다.

어제와 같은 사람과 이야기하고

어제와 같은 일을 하며

어제와 같은 길을 걷고 있다.

우리는 같은 일을 할 때 편안함을 느낀다. 그 편안함이 안주하게 만든다. 변화의 필요성을 차단하게 한다. 그렇게 그 자리에 계속 머물게 된다. 반대로 지속해서 움직이는 사람들의 공통점을 보면 항상 다른 환경을 찾아다닌다는 것을 알 수 있다.

어제와 다른 사람들을 만나고

어제와 다른 일을 하고

어제와 다른 길을 걷고 있다.

새롭게 하는 일은 언제나 실수가 따른다. 하지만 그들은 그것이 익숙해지기까지 거치는 당연한 과정이라 생각한다. 그렇게 그들의 주변은 새로운 것들로 채워진다.

회사에 다니고 있으니 안정적이라 생각하는가? 회사는 절대 자신의 인생을 평생 책임져주지 않는다. 회사에 목을 매는 것은 자신 인생의 주도권을 회사에 내주는 것이다. 주도권을 준 이상 수동적 인간이 되어야 한다.

　인생은 길지 않다. 짧은 일생, 스스로 주인이 되어야 하지 않겠는가? 주인이 되려면 능동적으로 움직여야 한다. 움직일 때 자신의 인생을 주도적으로 채울 수 있다. 스스로가 인생을 계획하지 않는다면 누구도 준비해주지 않는다. 자신 인생의 주도권을 가질 시기는 빠르면 빠를수록 좋다. 지금, 이 순간이 가장 빠르다.

　한 점에서 출발하는 선이 있다. 그 출발점에서 1도의 각도를 변화시켜 보자. 1도 차이는 미소한 것만큼 작은 노력이면 바꿀 수 있다. 첫 지점은 별반 차이가 나지 않는다. 하지만 그 시작점의 격차는 시간이 갈수록 점점 벌어진다.

　각도는 변화고 거리는 시간이다. 변화를 주어야 시간이 갈수록 바뀐다. 첫 변화는 작지만, 지속할수록 그 변화의 크기는 커진다. 우리 인생에 지금 당장 작은 변화를 시도해보는 건 어떨까?

유튜브 방송을 시작하다

부동산 투자에 관심이 많던 직장 후배가 있었다. 그 후배를 만난 건 2016년 해외 주재원 근무 기간 때였다. 한참 부동산 투자를 하던 때라 자연스레 대화 주제는 부동산 투자로 이어졌다. 부동산에 관심은 많지만 한 번도 실전 투자를 하지 않았던 후배는 그 후 투자를 해야겠다고 결심하게 되었다.

2017년, 그 후배는 자신이 살고 있던 서울에 투자하기로 마음을 먹었다. 운 좋게도 그 후배 대학 친구가 서울 지역 공인중개사였고 그 친구의 도움으로 어렵지 않게 투자할 수 있었다.

그러던 중이었다. 후배는 그 공인중개사 친구가 '업체 대표와 함께 부동산 강의 관련 플랫폼을 만들고 있다'고 이야기해주었다. 여러 명의 공인중개사와 함께 인터넷 부동산 투자 강의 관련 사업을 한다는 것이었다. 나는 그때까지만 해도 그 이야기에 회의적이었다.

'과연 부동산 지식을 인터넷으로 듣는 사람이 있을까?'

나는 부동산 투자 정보를 대부분 책을 통해 쌓아왔다. 취업 후 첫 발령지인 울진이란 지역이 한몫했다. 울진은 강원도와 경상북도의 경계에 있다. 그만큼 대도시와의 접근성이 떨어졌다. 부산까지만 3시간 정도 걸렸고 서울까지는 4시간 반 이상이 걸렸다. 그래서 오프라인 강의를 듣기가 어려웠다. 부동산 지식을 넓히는 유일한 통로는 독서뿐이었다. 독서를 통해 깊은 투자 지식을 쌓을 수 있었다. 그렇게 부동산 공부를 시작하였다.

울진 근무 3년 후 아랍에미리트에서 주재원 근무를 하게 되었다. 5년 4개월 동안 해외에 거주했다. 그러다 보니 그 기간 한국과의 접근성은 더욱 떨어졌다. 책에 전적으로 의존할 수밖에 없던 환경이었다. 하지만 독서를 통한 지식 쌓기의 경계는 존재하지 않았다.

세계적인 현명한 투자자가 많다. 워런 버핏의 스승으로 알려진 피터 린치와 벤저민 그레이엄뿐 아니라 코스톨라니 등 수많은 세계적인 투자자들은 자신의 책을 출판했다. 그들의 책은 한국어 번역본이 존재한다. 그들의 생각을 알고 싶어서 그들의 책을 읽었다. 그렇게 해외 주재원 근무 동안 국내외 성공적인 투자자들의 책 1천 권 이상을 읽었다. 독서를 통해 그들의 투자 노하우를 짧은 시간에 얻을 수 있었다.

책 내용을 참고로 해서 투자 성과를 내던 중이었다. 그러다 보니 투자 마인드, 정보, 스킬 등은 책을 통해서 가장 빠르게 얻을 수 있다고 확신했다. 그래서 다른 사람 역시 나와 같은 생각을 하고 있을 줄 알았다. 그런데 그렇지 않았다.

2018년 중순, 친한 직장 선배 몇몇이 이런 이야기를 하였다.

"너와 비슷한 말을 하는 유튜버가 있더라."

여러 번 이 이야기를 듣게 되자 한번 찾아보기로 했다. 그전까지 나에게 유튜브는 킬링 타임 용이었다. 남는 시간을 보낼 재밌는 동영상을 보던 게 전부였다. 그러다 보니 '과연 유튜브로 투자 강의를 전달하는 사람이 있을까? 혹시나 있더라도 얼마나 많은 사람이 볼까?'라는 회의적인 생각을 했었다. 하지만 내가 찾아본 재테크 유튜버는 구독자가 5만 명이 돌파하고 있었다. 그리고 계속 많은 수의 구독자가 증가하였다. 재테크 정보를 책이 아닌 유튜브로 전달하는 사람이 있다는 사실이 놀라웠다. 수만 명의 사람이 구독하고 있다는 사실을 확인하자 심장이 뛰기 시작했다.

재테크 유튜버의 동영상을 보니 내가 시작해도 충분히 승산이 있겠다는 생각이 들었다. 일반 직장인인 나는 이제껏 재테크 책만 1천 권 넘게 읽었고, 해외 근무하면서 수십 채에 해당하는 아파트를 매입했기 때문이다. 그 당시 유명한 재테크 유튜버들은 하나 같이 경매로 재산을 불려온 전업 투자자로서 그 과정을 이야기하고 있었다. 경매는 직접 법원에 가야 하므로 접근성이 떨어지지만 내가 쌓아온 일반 매매, 특히 급매 접근법은 언제 어디서든 검색하고 투자할 수 있는 장점이 있다. 접근성이 경매보다 좋다. 이 노하우를 전달한다면 충분히 다른 차별화를 만들 수 있겠다는 확신이 섰다.

그리고 해외에 있는 시공간적인 단점을 유튜브를 통해 극복할 수 있다는 사실 역시 매력적으로 다가왔다. 해외 근무 중이다 보니 내가 경험한 내용을 오프라인 강의를 통해 전달할 수 없지만, 인터넷으로 업로드하고 이를 오픈하면 해외 거주 중이라는 단점은 사라진다.

그렇게 '투자캐스터'를 시작하게 되었다.

유튜브의 주요한 구성은 총 5가지다.

첫 번째는 부자의 기술이다. 천여 권의 책을 읽으며 익힌 부자 마인드를 전달하고 있다.

두 번째는 재테크 톡이다. 실제 투자하며 쌓은 노하우를 전달한다. 예를 들어 급매 접근법이라든가 급매 확인법이라든가 1년간 10채 산 방법을 가감 없이 전달하고 있다.

세 번째는 재테크 7분 책 읽기다. 천여 권 읽은 재테크 책 중 정말 괜찮다 싶은 책 내용을 요약 정리한다.

네 번째는 백문백답 시간이다. 실전 재테크를 하며 생기는 어려움을 이메일로 받고 그 해결책을 전달하고 있다.

다섯 번째는 팩트 체크 시간이다. 정책 변화 흐름을 분석하고 앞으로의 방향성을 제시한다. 대표적으로 9·13 대책, 종부세(종합부동산세) 개정, 3기 신도시 공급 대책 등이 있다.

이제 유튜브를 시작한 지 12개월 차다. 생각보다 빠르게 구독자 수가 15,000명을 돌파했다. 구독자분들께 너무나 감사하다. 유튜브를 시작하고 많은 변화를 경험하는 중이다.

특히나 말을 논리적으로 오랫동안 길게 말할 수 있게 되었다. 이제껏 사람들 앞에서 10분 이상 말할 수 있는 자리는 없었다. 그러다 보니 그런 기회를 얻지 못했다. 기회를 갖지 못하니 그런 능력을 기를 수 없었다. 직장 생활 하는 동안 10분 이상 자기 혼자 이야기할 수 있는 사람은 흔치 않다.

개인 방송은 얼마든지 그런 기회를 가질 수 있다. 유튜브 방송 1회 기본이 10분이 넘는다. 어떨 때는 30분이 넘게 녹화할 때도 있다. 카메라 하나 앞에 두고 혼자 긴 시간 이야기를 해야한다. 처음에는 너무나 어색했던 것이 사실이다. 하지만 수백회 이상 촬영하다 보니 익숙해지기 시작했고 지금은 30분 이상의 방송을 만들고 있다.

나에게 이런 능력이 있을 줄 상상도 못 했다. 어려서부터 말을 잘 못한다고 생각했다. 하지만 나도 오랫동안 이야기할 수 있는 능력이 있다는 사실을 새롭게 깨닫고 있다.

유튜브를 시작하고 행복한 느낌도 많이 받고 있다. 내가 좋아하는 주제를 마음껏 이야기할 수 있는 소통의 창구가 생겼기 때문이다. 이전까지는 내부분의 시간을 정보를 쌓는 '인풋 시간'이었다면 지금은 유튜브를 통해 정보를 만드는 '아웃풋 시간'을 만들고 있다. 시작한 지 1년이 채 안 되었다. 아직 부족하지만 앞으로 더 많은 경험과 지식을 쌓을 것이기에 강의의 질은 더욱 높아질 것이라 확신한다.

현금 흐름에 집중하다

유튜브 백문백답 시간을 통해 많은 사람의 투자 고민을 상담 해주고 있다. 그 고민 중 주요한 공통적인 질문이 있다.

"어떻게 하면 현금 흐름을 늘릴 수 있나요?"

아래는 실제로 받은 질문이다.

"재산은 좀 있는데 자산형에만 머무르다 보니 현금 흐름이 하나도 없습니다. 그러니 계속 재산은 증가하더라도 삶의 여유 를 느끼지 못해요. 월급 외의 소득 구조를 만들면 더 나은 생활을 할 수 있지 않을까요?"

참 현실적인 질문이다. 많은 투자자가 이처럼 재산이 '자산형'인 경우가 많았다. 자산은 많지만, 현금 흐름은 하나도 없는 구조다. 이때 우리는 돈을 위해 일하게 된다. 자신의 재산을 지키기 위해 돈을 벌어야 하기 때문이다. 돈을 벌지 않으면 자산을 팔아야 한다. 팔아서 생계를 유지해야 한다. 팔지 않으려면 재산을 지키기 위해서라도 일을 해야 한다.

내 지인 중 한 사람의 사례도 딱 이와 같았다. 그는 대기업 건설회사에서 20년 이상 근무한 차장이다. 자산은 30억 정도 되었다. 하지만 현금 흐름에 해당하는 '수익형' 자산은 하나도 없었다. 그러니 30억이 있다고 해도 삶에 큰 도움이 되지 않았다. 그냥 재산이 많을 뿐이었다. 천장에 매달아 놓은 굴비처럼 보는 것에 만족해야 한다. 그래서 여쭤봤다.

"재산이 그렇게 많으면 은퇴해도 되지 않으세요?"
"아휴, 정년 채워야 합니다."
"아니, 재산이 그렇게 넉넉한데 월세 흐름으로 전환하는 건 어떻습니까?"

"월세로 전환하려면 목돈이 드는데 그 돈이 없어요. 그리고 주변을 보더라도 월세 수익률이 낮습니다."

처음에는 상당한 자산이 있음에도 현금 흐름을 만들지 않는 투자를 이해할 수 없었다. 하지만 그분의 상황을 파악하자 곧 수긍하게 되었다. 그가 보유한 부동산은 수도권에 몰려있었다. 특히 2017년~2018년 그 시기, 서울로 전국 투자자가 몰려들었다. 몇 달 만에 매매 가격이 1억 혹은 2억 오르는 건 우스웠던 시기도 있었다. 그만큼 가파르게 부동산 가격은 올라갔다. 1억 또는 2억 정도 수익을 예상하는데 1채 투자로 월 30만 원 정도의 월세 수익이 눈에 들어올 리가 없었다.

또한 대도시로 갈수록 월세 수익률은 낮아진다. 서울 중심은 기껏해야 담보대출을 실행해도 3~4% 정도 수익률이 나온다. 은행 이자보다 조금 더 받는 수준이다. 그러니 월세 전환의 필요성을 느낄 수 없게 된다.

하지만 수도권 투자만 고려하니 지역마다 월세 수익률은 다르다는 사실은 알지 못한다. 월세 수익률은 대도시로 갈수록 낮아지고 중소도시로 가면 갈수록 높아진다. 대도시는 투자자가 몰리는 것만큼 매매 가격이 높고 중소도시는 투자자들이 아직 몰리지 않아 매매 가격은 낮다. 낮은 매매 가격은 고스란히 월세 수익률에 반영된다. 순 투자금이 적을수록 월세 수익률은 높아지기 때문이다. 중소도시일수록 월세 수익률이 높다.

낮은 월세 수익률로 매매 차익만 노리고 투자하는 사람이 있다면 투자 시각을 넓힐 필요가 있다. 지금도 대출 없이 월세 순 수익률이 10%가 넘어가는 투자처가 많다. 그 부동산에 대출 50% 정도를 받는다면 수익률은 10%에서 20%로 증가한다. 만족할만한 수익률을 확보할 수 있게 된다.

나는 처음부터 현금 흐름을 목적으로 뒀다. 그래서 일단 쌀때 갭 투자로 늘리고 그 이후 월세 전환을 계획했다. 이 과정에서 많은 시간과 비용이 추가되겠지만 시간이 갈수록 그 현금 흐름은 증가하리라는 것을 예상했다.

점점 삶의 여유는 증가하게 될 것이다. 시스템 만들기에 집중한 결과 그 파급 효과는 엄청나다. 일하지 않아도 일한 만큼 이상의 수익이 들어온다면 진짜 일을 하지 않아도 된다. 경제적 자유를 달성하게 되는 것이다.

소득의 여유가 생기자 직장 생활을 다른 시각으로 바라보게 되었다. 직장을 취미 생활로 여기게 된 것이다. 취미 생활이라고 설렁설렁 일한다는 말이 아니다. 취미 생활이란 말은 일을 재미있게 한다는 것이다. 일을 좋아하게 되니 성과는 자연스레 따라왔다. 스트레스도 덜 받게 되었다.

월세화를 추진하던 당시 목돈이 들어가고 월세 수익이 생각보다 적다고 만약 포기했다면 어땠을지 생각해보았다. 재산만 보고 만족하는 삶이 이어졌을 것이고, 그 어떠한 여유도 찾을 수 없었을 것이다.

나는 언제나 선택을 해야 하는 상황에서 이런 생각을 하곤 한다.

'느리게 가는 길이 가장 빠르게 가는 길이다.'

전세 살 바에는 월세 살라고요?

Q 안녕하세요. 유튜브 강의를 보며 투자캐스터님을 알게
됐습니다. 저는 35살 남자이며 닉네임은 두핏이라고 합니다. 전
세 살지 말고 월세 살라는 강의 영상을 보고 질문드립니다. 개
인적으로 너무 고민이 많이 돼서 의견을 여쭤보고 싶습니다.

4월에 결혼을 앞두고 있는데, 저와 여자친구 모두 무주택자
이고 분당 근처로 신혼집을 구하던 중에 부동산을 함께 공부하
며 투자에 대한 결심을 세웠습니다. 매매든 경매든 정말 노력
해서(경매 학원도 수강하고, 하루에 2시간 이상 공부 중입니다.) 어떻게든

'소액 투자로 월세를 받을' 생각입니다. 무조건 월세로 현금 흐름을 만들어낼 것입니다.

아래 2가지 케이스로 고민 중입니다. 제 고민에 대한 의견을 부탁드려도 될까요?

1. 신혼집을 '전세'로 구하고, 투자 실행
   - 장점: 무주택자 혜택 이용으로 전세자금 대출 활용 가능, 월세보다 쌈
   - 단점: 투자 시에 대출 한도에 영향 있음, 2년 후 대출 연장 불가로 이사해야 함

2. 신혼집을 '월세'로 구하고, 투자 실행
   - 장점: 전세보다 많은 투자금 생김
   - 단점: 월세가 전세 대출 이자보다 비쌈

*동일한 아파트 월세/전세 예상 시나리오 비교표(자산은 1억 6천)

구분	월세	전세	비고
시세	보증금 5천, 월세 80	2억 9천	
대출	–	2억 3천 2백 (80% 예상)	
월별 지출	80	60 (3.1% 이자 적용)	
현재 자산	1억 6천	1억 6천	
집 보증금	5천	5천 8백	
남는 투자금	1억 1천	1억 2백	

위의 표로 보면 8백만 원 투자금 이득을 보려고 월 20만 원이나 더 지출하는 게 정말 바보 같은 건가요? 막연히 열정만으로 월세 살면서 성공하겠다는 게 객기인 거 같기도 하고 아직 초보라서 잘못 생각하고 있는 건지 잘 모르겠습니다.

A 안녕하세요, 구독자님 반갑습니다. 인생은 언제나 선택을 해야 하는 상황을 마주하게 됩니다. 그 상황에서 어떤 선택을 하느냐에 따라 완전히 다른 결과로 이어지기 때문에 신중할 필요가 있죠.

1. 상황

올해 4월 결혼을 앞두고 있고 한정된 자산으로 이를 이용해 신혼집도 구하고 투자도 해야 하는 상황이십니다. 그 과정에서 '전세 살 바에 월세 살라'는 강의를 보고 질문을 주셨네요. 고민 상담을 해드리겠습니다.

2. 왜 월세인가?

저는 대부분 가정의 전 자산이 전세에 묶여 있음을 보고 '이를 이용한 투자를 하셔라'는 강의를 전달해 드린 적이 있습니다. 실제로 주변을 보더라도 그렇습니다. 전세에 자신의 모든 돈이 묶여 있는 가정이 많습니다.

사실 전세를 살고도 종잣돈이 풍족한 상황이라면 굳이 말리고 싶지 않습니다. 하지만 우리나라 부동산의 특수한 구조인 전세라는 제도로 대부분 가정의 자산이 전세에 묶이게 됩니다. 자산이 묶인 것만큼 투자하지 못합니다. 투자하지 못한다는 것은 돈을 모을 수 있는 수단이 월급으로 한정된다는 것을 말하죠. 넉넉하지 않은 월급인 만큼 적금으로 돈을 불리기에는 한계에 부딪히게 됩니다. 갈수록 늘어나는 기대 수명과 짧아지는 정년 은퇴로 미리 계획하지 않는다면 풍족한 노후는 멀어질 수밖에 없습니다. 그만큼 준비해야 하는데 적금으로는 부족한 시대죠. 투자로 미래를 계획하셔야 합니다. 그래서 전세를 월세로 전환해 최대한 종잣돈부터 확보해야 합니다.

3. 진정한 월세살이의 의미

지금 보내주신 아파트 비교표는 분당 아파트에 해당합니다. 동일 아파트를 말하고 있죠. 그렇다면 비슷한 결과치가 나올 수밖에 없습니다. 말씀하신 월세 보증금 5천에 월세 80만 원? 너무나 월세 지출이 많죠.

'전세 살 바에 월세 살라'는 진정한 의미는 같은 아파트를 전세에서 월세를 살라는 말이 아닙니다. 최대한 투자금을 마련하기 위해 최적의 선택을 하라는 말이죠. 이를 위해 희생이 필요합니다. 그에 해당하는 주거를 골라야 하기 때문입니다. 사실 쉬운 선택이 아닙니다. 이제 막 신혼 생활을 시작하는 부부라면 더 어렵습니다. 계획하던 곳보다 덜한 곳을 선택해야 할 때 우리는 고민하게 됩니다. 같이 사는 예비 아내의 동의도 필요하죠. 그래서 투자하기 어렵습니다. 조건에 제약이 생기기 시작하면 투자는 멀어집니다. 그러면 중산층의 삶에 만족하셔야 합니다. 이런 수많은 갈등 상황에 부딪히는 게 현실 월급쟁이입니다. 많지 않은 자금으로 투자해야 하는 것만큼 허리띠를 졸라매야 합니다. 말이 쉽지 실행은 어렵죠. 늘 희생적인 선택을 해야 하기 때문입니다. 그래서 부자가 되기 어렵습니다.

부자는 부자가 되고자 하는 강한 열망을 가졌던 사람들입니다. '그래서 할 수 없다'가 아닌 '그렇지만 할 수 있다'라는 독한 마인드로 무장할 필요가 있습니다. '그렇지만 할 수 있다'라는 단어가 딱 부자를 표현한다고 말씀드리고 싶습니다.

4. 나의 사례

30살, 그 당시 저는 너무나 부자가 되고 싶었습니다. 그래서 해외 주재원 근무를 신청했고 절약 생활을 했죠. 부자가 되고 싶은 마음도 중요하지만, 실행이 중요하기에 그 근무 동안 한 달에 3만 원도 쓰지 않았던 적이 많았습니다.

친구들은 주말을 이용해 유럽 여행을 다니고 근처 국제도시로 매 주 놀러 다닐 때 저는 집에 있어야만 했습니다. 부자가 최대한 빨리 되고 싶었기 때문이죠. 돈을 쓰는 데 만족감을 느끼기보다 모으는 데 더 큰 만족감을 느꼈습니다. 하지만 가끔 친구들의 모습을 보며 '과연 내가 가는 길이 맞나?' 하며 회의를 느낀 수많은 시간 역시 있었습니다.

하지만 저는 제 길을 묵묵히 걸어갔습니다. 책만 읽었죠. 3년간 1천 권. 그렇게 책을 읽으니 시간은 지나갔고 그 시간만큼 월급은 그대로 쌓였습니다. 그 돈은 고스란히 투자로 이어지는 구조였습니다. 이런 힘들고 어려운 삶을 스스로 선택했던 이유는 부자가 되고 싶었기 때문입니다.

5. 마지막 조언

부자를 정확히 인식할 필요가 있습니다. 어떤 사람이 부자가 되는지 그리고 되었는지 그 모습을 알아야 하죠. 할 것 다 하고 부자가 된 사람을 저는 단 한 명도 보지 못했습니다. 어떤 선택을 할 때, '부자라면 어떻게 할까?'라는 생각을 한번 해보는 것을 추천해 드립니다.

9년 차

삶이란 다양한 경험의 합이다.

어떤 경험을 쌓느냐에 따라

인생은 달라진다.

어떤 경험이 자신을 성장시킬 수

있는지 스스로 찾아야 한다.

물려줄 수 있는 소득이 높아지다

불과 몇 년 전까지 직장 생활에 몰방한 적이 있다. 입사 초기부터 재테크에 관심이 있었던 것은 사실이지만 그렇다고 많은 시간을 투자하지 않았다. 입사했을 때만 해도 내 꿈은 사장이 되는 거였다. 어떻게 하면 사장이 될 수 있을지 고민하고 자료를 분석하고 꿈을 실현하기 위해 할 수 있는 일을 하나씩 실행했다.

직장과 재테크 투자 시간을 퍼센트로 따진다면 90대 10 정도였다. 절대적인 비중을 직장 생활에 뒀다. 하지만 해외 주재원 근무로 수많은 책을 읽자 달라지기 시작했다. 직장 4년 차 근무 때부터 본격적으로 책을 읽기 시작했는데 경제, 재테크, 투자, 자본주의 등 다양한 책을 접하자 지금까지의 생각이 완전히 바뀌어 감을 알 수 있었다.

재테크의 중요성을 깨닫기 시작한 것이다. 인생에서 가장 중요한 한 부분이 재테크라는 사실을 알고 직장과 재테크의 비중은 점점 조정되어 갔다. 직장 5년 차쯤에는 직장 60%, 재테크 40%였다면 점점 그 퍼센트는 조정되었고 지금은 재테크 60%, 직장 40%로 역전되었다.

직장과 재테크의 집중도가 갑작스럽게 조정된 이유는 물려줄 수 있고 없고의 차이를 깨달았기 때문이다. 내가 수많은 노력 끝에 사장이 된다고 하더라도 그 자리를 물려줄 수 없다. 자기 아들이 지금 회사에 입사하더라도 마찬가지다. 사장부터 시작할 수 없다. 신입 사원부터 시작해야 한다.

해외 주재원 근무 당시, 우리 회사 사장이 해외 근무 현장을 방문했다. 그러던 중 이 현장에 사장의 아들이 있다는 이야기를 듣게 되었다. 알고 보니 우리 회사 신입 사원으로 사장 아들이 입사한 것이다. 내가 원했던 사장과 신입 사원 두 모습이 교차했다. 그리고 깊은 생각에 빠졌다.

사장이 되는 길은 험난하다. 자신의 능력도 능력이지만 학벌도 좋아야 하고 소위 라인이라고 불리는 줄도 잘 서야 한다. 또 수많은 시간 동안 회사에 올인해야 한다. 하지만 그렇게 열심히 한다고 하더라도 사장이 되리라는 보장은 없다. 수많은 변수가 작용하기 때문이다. 혹여 사장이 된다고 하더라도 그 노력의 보상은 자신의 대에서 끊기게 된다. 그 자리를 물려줄 수 없기 때문이다. 자기 아들은 다시 처음부터 시작해야 한다.

자산은 다르다. 자신의 노력으로 자산을 불릴 수 있고 물려줄 수도 있다. 그리고 그 물려준 것에 더 쌓아갈 수 있다. 자산은 덧셈의 개념이라는 사실이 너무나 와 닿았다. 나의 노력 만족도는 직장에서의 성공보다 재테크를 할 때 더 크겠다는 사실을 깨달았다. 그렇게 직장과 재테크의 비중은 급격하게 조정된 것이다.

저장 기능이 있는 게임과 저장 기능이 없는 게임이 있다고 하자. 우리는 그 게임을 열심히 한다. 수많은 단계가 있는 것만큼 단 한 번 만에 그 게임을 끝까지 통과하기란 불가능하다. 수많은 시행착오가 필요하고 컨트롤에 익숙해지는 시간과 노하우를 쌓는 단계가 필요하다. 그래서 수회에 걸쳐 게임을 해야 한다.

게임에서 저장 기능이 없다면 어떻게 될까? 몇 번 기회를 놓치면 매번 처음부터 시작해야 한다. 실수할 수도 있다. 하지만 그 실수로 처음부터 시작해야 한다는 부담감을 늘 가지게 된다. 그럼 정말 조심조심 게임을 하게 된다. 순간의 실수로 처음부터 다시 시작해야 하기 때문이다. 많은 단계를 통과해놓은 상태라면 더욱 처음부터 시작할 엄두가 나지 않는다. 단계가 높으면 높을수록 부담감은 더해진다. 그래서 싫증이 나고 그만하게 된다. 이런 게임은 사람들이 많이 찾지 않는다.

하지만 저장 기능이 있다면 어떻게 될까? 게임 컨트롤이 미숙해 게임 종료가 되더라도 저장된 그 단계부터 다시 시작할 수 있다. 처음부터 시작할 필요가 없다. 그만큼 여유를 찾을 수 있다. 과감한 여러 시도를 할 수 있는 것 또한 장점이다. 그 과감한 시도를 통해 새로운 길도 찾을 수 있고 효율적인 방법 또한 익힐 수 있게 된다. 저장 기능이 게임을 하는 데 더욱 시너지 효과를 만들게 된다.

'저장할 수 있고 없고'는 '물려줄 수 있고 없고'와 같다. 어떤 삶에 집중하겠는가? 도전적이고 능동적으로 여러 길을 찾아가는 시도를 하고 싶은가? 아니면 매번 살얼음을 걷는 것 같은 부담감을 가지고 싶은가? 어떤 삶을 선택하든 자유다. 그 삶을 만족하기만 하면 된다. 어떤 삶에 만족할 것인지 스스로 물어보자.

나는 저장이 되는, 물려줄 수 있는 소득에 집중했다. 그리고 5년이 지났다. 해외 주재원 근무 시작 당시 소득 구조는 단순했다. 월급 외로 탑층 아파트 1채에서 받는 월세 20여만 원이 전부였다. 총소득 구조를 퍼센트로 나누어보면 월급이 95%로 절대적이고 월세가 5%로 미소했다. 지금은 월급이 33%이고 기타 소득이 67%다. 월급과 기타 소득의 비중이 역전되었다. 이 차이를 만든 것은 어떤 소득에 집중했느냐다.

우리는 소득의 퍼센트에 따라 어느 곳에 집중할지가 달라진다. 예를 들어 해외 주재원 근무 시작 당시 월급이 95%의 소득 구조였던 것만큼 일에 95% 집중해야 했다. 하지만 지금은 다르다. 소득 구조는 계속 조정되었고 월급의 비중은 계속 줄어들고 있다.

지금은 어떤 소득이 더 큰 만족감을 주는지 안다. 만족감은 개인이 느끼는 것이다. 실제 경험할 때 그 느낌을 정확히 알 수 있게 된다. 그런 만족감은 더 큰 확신으로 이어진다.

저장될 수 있는 소득은 제로 베이스에서 시작하지 않는다. 마지막 점에서 다시 시작할 수 있다. 저장되는 게임을 다시 시작할 때와 마찬가지다. 이런 소득에 집중할 때 진정한 인생의 주인이 될 수 있다.

처음 그런 소득 구조를 만들기는 쉽지 않다. 하지만 두 번째 만드는 것은 첫 번째보다 쉽다. 횟수가 더해질수록 더 쉬워진다. 제일 중요한 것은 첫 시작점부터 만들어야 한다는 것이다. 그 시작점이 두 번째, 세 번째 계속된 횟수를 더하게 될 테니 말이다.

또 다른 저평가 지역에 투자하다

2014년 2월, 해외 주재원 근무를 나가기 전 서울 노원구 공릉동에 있는 연수원에서 2주간 교육을 받게 되었다. 거기에서 서울 본사에 근무하고 있는 동기를 만났다. 그 동기와는 입사하고 같은 숙소에서 2년 가까이 생활한 절친한 사이였다. 오랜만에 만난 동기는 이런저런 얘기 끝에 자신의 고민을 털어놨다. 얼마 전 결혼하고 서울에 전세로 신혼집을 구하는데 어디를 선택해야 할지 모르겠다는 것이다.

나는 서울에 살 거면 집을 사는 게 좋을 것 같다고 조언했다.

한참 역발상 투자로 광양에 본격적으로 투자를 시작했기 때문에 가치 이하의 싼 물건에 집중하고 있던 참이라 서울 집값 역시 아무리 봐도 저렴하게 보였다. 하지만 그 당시 서울에 있는 집을 매수하는 선택은 쉽지 않았다. 서울 집값이 하락하고 있다는 뉴스를 연일 주요하게 다루고 있었다. 쉽게 투자할 수 없는 상황이었다.

며칠 후 다시 그 동기를 만났다. 나는 그가 어떤 결정을 내렸는지 궁금했다. 그는 '어머니께서 부동산중개 일을 하시는데, 지금 사면 안 된다고 하시더라. 그래서 전세를 살기로 했다'고 말했다.

결국, 2년 후 전세가 만료될 때쯤 그는 내 조언을 따르지 않음을 후회했다.

나는 유치원 때부터 창원에 살았다. 창원의 집값은 2010년부터 급격히 오르기 시작했는데, 2014년부터는 서울 집값과 맞먹는 현상이 발생했다. 그 당시 창원 집값에 관해서 인터넷에 떠도는 글을 보면 실감할 수 있다.

"서울에서 창원으로 발령받아 이사했다가 창원 집값이 너무

비싸서 놀랐다. 거의 수도권 수준."

"평당 1,300만 원 이상인 창원 아파트를 사고 싶은 생각은 없다. 32평 아파트가 4억이라니. 오늘 뉴스에 창원 집값이 비싸 외각인 김해 등으로 인구가 유출된다고 하던데…."

"창원 집값이 비싸서 나는 마산에 집을 샀다. 조금 오래된 아파트지만 32평을 1억 6천에 사서 리모델링했다."

"창원에 집을 산다면 서울에서처럼 여유 없이 빡빡하게 살았을 것이다."

'창원이 서울 집값과 맞는다고? 와~ 창원 집값 비싸네' 하고 그치면 안 된다. 한번 달리 생각을 해봐야 한다. 과연 창원과 서울 둘 중 어느 곳이 주거 환경과 부동산 가치가 높은지를 따져봐야 한다. 서울은 누가 뭐래도 우리나라 수도다. 그런데 지방도시 창원이 수도권 아파트 가격과 비슷하다고? 그럼 그런 상황에서 서울 사람에게 이런 질문을 던져보자.

'자신의 종잣돈을 창원에 투자할 것인가? 서울에 투자할 것인가?'

당연히 서울을 선택하지 않겠는가?

나는 광양에 역발상 투자하던 당시 올인 투자에 더욱 확신을 가졌던 적이 있다. 당시 내가 집중적으로 투자했던 아파트는 성호2차 아파트였다. 매입했던 평균 가격은 3,800만 원이었는데 이를 해당 평형(16.7평)으로 나누면 평당 가격이 227만 원 나온다. 그때 여러 물건에 관심이 많아 원룸 건물도 주요하게 보고 있었다. 그런데 4층짜리 원룸 건물의 평당 가격은 약 260만 원이었다.

가진 돈을 원룸에 투자할 것인가? 아님 소형 아파트에 투자할 것인가? 그것도 원룸이 더 비싸다면? 당연히 소형 아파트를 선택한다.

이처럼 비교 대조군을 많이 알면 알수록 더욱 투자에 확신을 가질 수 있다. 그리고 저평가된 물건은 시간이 지날수록 결국 그 가치는 매매가로 반영된다. 그렇다면 누가 그 비교 대조군을 많이 가지고 있을까?

당연히 실제 전국적으로 투자하는 투자자다. 직접 투자하고 있으니 자신의 물건만 비교해보면 어디가 저평가되었는지 혹은 고평가되었는지 금방 확인할 수 있다.

하지만 아직 투자하지 않은 초보 투자자이거나 전국 투자자가 아닌 사람이라고 하더라도 역시 저평가 물건을 찾을 수 있다. 관심과 노력만 있다면 충분히 비교해볼 수 있다. 다만, 이 비교 지역 중 메인이 되는 곳은 자신이 사는 곳이어야 한다. 자신이 살고 있는 지역이라면 더욱 그 지역을 자세히 알 수 있기 때문이다. 그리고 주변 지역을 점차 확대하면서 저평가 지역을 확인해보면 된다.

2013년 말부터 역발상 투자했던 광양은 2019년 상반기 전국 집값 상승률 1위를 기록했다. 전국적인 투자자가 본격적으로 몰렸던 2018년 중반 이후 이미 많이 올랐다. 그래서 나는 이제 더는 광양에 투자하지 않는다. 그래서 작년부터 또 다른 저평가 지역에 투자하고 있다.

현재 광양의 평당 가격은 창원의 평당 가격과 비슷하다. 2010년부터 고공 행진하던 창원 집값은 17년 이후 급격히 꺾이기 시작하여 고점 대비 현재 반값 정도로 떨어졌다. 광양은 지방 소도시이고 창원은 지방 대도시이다. 그럼 어디에 투자해야 하겠는가?

실제로 초기 광양에 투자했던 상황이 현재 그대로 연출되고 있다. 떨어진 집값으로 그 지역 사람들은 부동산하면 치를 떤다. 실제 본인 또는 주변에 집값 반 토막을 경험한 사람을 어렵지 않게 만날 수 있다. 그런 상황에서 투자하는 것은 쉽지 않다. 많은 반대에 부딪힌다. 아내와 자녀뿐 아니라 주변 지인들은 하나같이 부동산 투자를 부정적으로 본다.

하지만 그 시기 저평가된 아파트를 알아본 투자자들은 싸게 나온 물건을 위주로 사 모은다. 그렇게 싼 물건들은 서서히 소진된다. 가격은 점점 올라가는 것처럼 보이지만 급매 물건이 소진될 뿐이다. 그리고 서서히 상승 조짐이 보일 때 전국 투자자들이 몰리고 가격은 빠르게 오른다. 그 후 지역 주민 역시 투자에 동참하고 실수요자들까지 하나둘 사기 시작하면 집값은 고공 행진하게 된다.

딱 광양 부동산 상승 스토리는 이와 같았다. 지금 창원은 저평가 물건을 알아본 투자자들이 하나둘 사 모으는 단계다. 아직 먹을 게 많다는 말이다. 2014년 서울과 창원의 집값이 비슷하던 그때 서울에 부동산 투자해야 되듯 지역별 가치 평가는 부동산 투자의 주요한 지표가 된다.

자녀에게 부동산 1채를 증여할 계획을 세우다

아직 아내도 자녀도 없지만 뚜렷한 자녀 계획은 가지고 있다. 자녀가 10살 되는 해에 1채의 아파트를 증여하는 것이다. 어린 시절부터 투자 경험을 심어주고 싶어서다.

부동산 투자 소득을 불로소득이라고 생각하는 사람이 많다. 투자하고 돈 받고 그게 끝 아니냐고 단순히 생각하기 때문이다. 하지만 전혀 그렇지 않다. 부동산을 보유하는 동안 많은 것을 고려하고 관리해야 한다.

공인중개사 및 세입자와의 관계, 월세 입금 및 연체, 부동산 수리, 부동산 세금, 담보대출, 대출 이자 납입 관리 등이 그것이다. 이외에도 수많은 추가 관리 항목이 있다. 그만큼 부동산을 관리하기 위해 많은 시간과 노력이 든다. 그리고 이를 효과적으로 관리하기 위해 다양한 지식이 필요하다.

이 모든 것을 처음부터 잘할 수는 없다. 처음에는 부동산을 관리하는 동안 수많은 실수와 실패를 겪게 된다. 하지만 이를 거치면 관리 능력은 점점 향상된다. 실수와 실패를 통해 성장하는 것이다.

하지만 이런 실패를 경험하기 위해서는 기회가 있어야 한다. 부동산을 소유해야지 그 경험을 얻을 수 있다. 부동산 소유가 그 기회다. 나는 그 기회를 자녀에게 일찍 주고 싶다. 그 기회를 통해 스스로 성장하게 하고 싶기 때문이다. 내가 실제로 부동산을 관리해보니 스스로 성장할 수 있는 항목이 많다는 사실을 알게 되었다. 그래서 어릴 때 부동산을 보유하게 되면 내가 가르쳐주지 못하는 것을 부동산을 관리하며 배울 수 있게 된다고 믿는다.

사람은 행동해야 성장할 수 있다. 시작점이 있어야 성장의 기회를 잡게 된다. 10살 때 부동산 관리를 시작한다면 20살이면 부동산 투자 및 관리 경험을 10년이나 가지게 된다. 그 기간 수많은 배움은 덤이다.

지금 내 나이는 36살이다. 27살 입사하자마자 바로 투자 공부를 하기 시작해 현재 약 9년 차 투자자다. 9년간의 부동산 투자 기간은 누구에게는 많은 시간으로 보일 수 있다. 하지만 나 스스로는 아직 9년 차밖에 안 된다고 생각할 때가 있다. 그리고 거듭 생각한다.

'부동산 투자 시점을 더 빠르게 당길 수 있었다면 지금쯤 얼마나 다른 삶을 살고 있을까?'

삶이란 다양한 경험의 합이다. 어린 시절 어떤 경험을 쌓느냐에 따라 인생은 달라진다. 어떤 경험이 자신을 성장시킬 수 있는지 스스로 찾아야 한다. 경험을 해봐야 익숙해지고 더 큰 도약 점 역시 빨리 만들 수 있다.

나는 여러 책을 통해 유년기 자녀에게 돈의 가치를 스스로 깨우치게 하려는 부모의 모습을 본 적이 있다. 워런 버핏의 부모가 그러했고 록펠러 부모가 그러했다. 워런 버핏은 어린 시절부터 아르바이트를 통해 돈의 가치를 깨우쳤고 주식 투자 책을 쓴 부모님을 통해 투자의 중요성을 일찍 느끼게 되었다. 세계 최고 부자 가문을 만든 록펠러 역시 마찬가지다. 록펠러는 어린 시절 산에서 잡아 온 칠면조를 집으로 가져왔다. 부모님은 이를 보고 길러서 팔아보라고 조언했다. 4년간 새끼를 까고 이를 시장에 파는 과정에서 시장의 원리를 깨우치게 되었다. 그리고 번 돈을 빌려주고 이자를 받으며 돈이 돈을 버는 광경을 확인하기도 했다. 또한 록펠러 부모는 자녀들에게 용돈 기입장을 기록하게 했는데 지출이 기록되지 않으면 용돈을 주지 않았다. 용돈을 받기 위해 지출 전부를 기록해야 했다. 이를 통해 자금 관리 능력 또한 확보하게 된 것이다.

10대 자녀에게 부동산 관리를 맡기는 건 시기상조라고 말하는 사람도 있다. 아직 어리고 관리 능력이 부족하다고 생각하는 것이다. 하지만 실제 경험을 가진 내가 있다. 아이가 문제를 해결하려고 노력하더라도 자신의 능력 밖이라고 생각되는 문제에 부딪히면 내가 조언해주면 그만이다. 모든 문제는 그리 어렵지 않게 다 해결할 수 있다. 어린 시절부터 부동산을 관리하는 것은 실보다 득이 더 크다.

아이의 용돈은 아이가 관리하는 부동산의 월세를 통해 충당하게 할 것이다. 그럼 용돈을 받기 위해서라도 부동산을 제대로 관리해야 한다는 사실을 인식하게 된다. 이를 위해 부동산 지식을 쌓기 시작할 것이고, 세입자와의 관계가 중요하다는 사실을 알게 될 것이고, 부동산 이자 납입 및 세금 납부를 통해 자금 관리의 중요성을 알게 될 것이다. 또한 부동산에 소비되는 비용으로 이 금액을 줄이려는 여러 노력의 필요성을 깨달을 것이고, 부동산 수리 업체를 맡기는 대신 자신이 부동산 문제를 해결하면 비용을 절약할 수 있다는 사실을 알게 될 것이다.

나는 이 전 과정을 먼발치에서 지켜볼 것이다. 그리고 필요한 순간 조언을 해줄 수 있는 위치에 있을 것이다. 하지만 무조건 내 말을 따르게 하기보다 조언을 받고 선택하는 건 본인의 몫으로 남겨둘 것이다. 스스로 성장하기를 바라기 때문이다.

나는 어떠한 일을 하든지 무조건 미리 설계부터 시작한다. 목적을 달성하기 위해 많은 시간이 필요하다는 것을 경험에서 얻었기 때문이다. 뒤늦은 행동은 너무나 고통스럽다는 것도 잘 알고 있다.

고등학교 시절이 그랬다. 고 3부터 대입 준비 공부를 시작했다. 그전까지 공부에 크게 관심이 없었다. 하지만 고 3이란 1년 동안 죽어라 공부해도 원하는 목표를 이루지 못했다. 그때 이후로 이런 삶은 다시 살지 않겠다고 결심했다. 나중에 행동하면 절대 원하는 목표를 이룰 수 없다는 사실을 깨달았다. 그 이후, 나의 삶은 설계에서부터 시작됐다. 취업 준비도 그랬고 재테크도 그랬고 자녀 계획도 마찬가지다.

혹시라도 이 글을 읽는 독자가 결혼을 하지 않았거나 자녀가 없는 상황이라면 한번 미리 계획을 세워보는 것을 추천한다. 하지만 무작정 계획을 세운다면 올바른 플랜을 만들 수 없다. 사전적으로 해야 할 것이 있다. 그것은 지식 쌓기다.

투자 계획을 세우든 노후 준비 계획을 세우든 그와 관련한 책을 최소 10권 이상을 읽어야 한다고 생각한다. 그래야 최적의 계획을 세울 수 있다. 나중에서야 '그때 그걸 해야 했는데' 하며 빠진 것을 후회해봤자 지나간 시간일 뿐이다. 나중에 후회하지 않으려면 지식부터 쌓아야 한다. 그 후 세운 미래 계획은 더욱 퀄리티가 높아진다.

소비자에서 생산자의 삶을 살다

우리나라 사람 대부분은 성실하다.《아웃라이어》라는 책에서 아시아인들의 근면한 이유를 주식의 차이라 말한다. 쌀을 주식으로 했던 아시아 사람들은 새벽부터 저녁까지 농사를 지어야 했다. 김을 매야 하고 잡풀을 뽑아야 하고, 병충해를 막아야 했다. 하지만 감자와 옥수수를 주식으로 했던 서양 사람들은 그렇지 않았다. 땅도 넓었고 감자와 옥수수는 그냥 뿌려도 잘 자란다. 그런 조상의 노력으로 유독 아시아인들이 성실하다고 말한다.

그렇다. 우리는 조상 대대로 성실하다. 대부분의 사람은 지금도 자신의 방식으로 최선을 다해 인생을 살고 있다. 하지만 열심히 산다고 다 부자가 되지는 않는다. 왜 그럴까?

열심히 살기만 해서는 부족하기 때문이다. 다르게 살아야 부자가 될 수 있다. 나는 부자가 될 수 있는 해답은 생산자의 삶에 있다고 생각한다.

유튜브를 예로 들어보자. 유튜브는 영상을 업로드할 수 있는 시장을 제공한다. 이 시장에서 각 개인은 자신이 만든 영상을 업로드한다. 시청자는 이 업로드된 영상을 본다. 이렇게 유튜브의 구성은 크게 3가지로 나눌 수 있다.

첫 번째, 유튜브 웹 사이트를 만든 창업자

두 번째, 유튜브 사이트에 영상을 업로드하는 사람

세 번째, 유튜브 영상을 보는 사람

창업자는 말 그대로 창업자다. 유튜브란 플랫폼 사이트를 만들었다. 유튜버는 영상을 만드는 생산자이고, 시청자는 영상을 보는 소비자가 된다.

퍼센트로 나누면 창업자가 0.01%, 유튜버는 5%, 나머지가

95% 정도 될 것이다. 여기에서 우리는 5%의 생산자의 삶에 집중해야 한다. 혹 누군가는 창업자에 집중하면 안 되냐고 반문할 것이다. 일반 사람이 유튜브와 같은 웹 사이트를 만드는 것은 흔치 않은 일이다. 100년에 한 번 나올까 말까 한 아이디어를 생각해내기도 어렵지만 이를 실행해서 구현하는 것은 더 어렵다.

유튜버인 생산자의 삶은 어떤가? 자신의 관심 분야를 영상으로 만드는 것은 어렵지 않게 할 수 있다. 그 영상의 반응은 둘째 치더라도 만드는 것까지는 마음만 먹으면 할 수 있다. 하지만 이를 꾸준히 하기는 쉽지 않다. 유튜버 90%가 6개월이 채 안 돼서 그만두는 이유다.

대부분은 시청자인 소비자에 머물게 된다. 영상을 보기만 하는 것이다. 유튜브가 인터넷 사용 시간 1위를 차지할 정도로 성장세가 높다. 그만큼 많은 정보가 공유되고 재미있는 주제의 영상이 많은 탓에 더 많은 시간을 활용하게 된다.

그렇다면 위 3가지 부류에서 누가 가장 큰 부자가 될까? 당연하게도 창업자가 가장 큰 부를 가진다. 그다음이 생산자에 속하는 유튜버. 유튜버는 광고 수익을 낼 수 있다. 생산자에서 열심히 살 때 부자가 된다. 소비자가 시청을 열심히 한다고 부자가 되지는 않는다.

부동산 시장도 마찬가지다. 부동산 시장도 크게 3가지 부류로 나눌 수 있다.
첫 번째, 부동산 시장 플랫폼 사이트. 네이버, 직방, 다방 사이트 등
두 번째, 소유주
세 번째, 세입자

부동산 시장에 해당하는 사이트를 만드는 사람은 극소수다. 하지만 부동산을 보유한 다수가 존재한다. 그리고 이 부동산에 거주하는 세입자가 있다. 대대수의 사람이다. 역시나 마찬가지로 가장 큰 부자는 부동산 거래 플랫폼을 만든 창업자다. 그다음 부자가 되는 사람들은 집 소유자다. 창업자와 집 소유자는 생산자의 삶이다. 유튜버가 부자가 되는 원리와 같다. 생산자의 삶에서 열심히 살아야 부자가 될 수 있다.

유튜브와 부동산 시장으로만 예를 들었지만, 이외에도 회사

창업자-투자자-회사원과의 관계, 연예 기획사-연예인-시청자의 관계, 건물주-상가 임차인-소비자, 구단주-선수-관객 또한 그렇다.

우리가 부자가 되기 위해서는 먼저 자신이 어떤 위치에 속해 있는지 파악해야 한다. 대부분의 사람은 자신이 소비자 위치에만 머물러 있다는 사실을 간과한다. 그리고 소비자 입장에서만 열심히 살아간다.

하지만 기억해야 할 것이 있다. 소비자는 언제든 대체된다. 소비자가 대다수인 것만큼 어렵지 않게 대체될 수 있다. 그래서 소비자로 열심히 살아서는 절대 부자가 될 수 없다.

그렇다면 왜 우리는 생산자가 되지 못하는가? 한 번도 만들어본 적이 없기 때문이다. 이제껏 살아오면서 다 만들어져 있는 곳에서만 생활했다.

부모라는 가정

학교라는 교육

학원이라는 시스템

회사라는 직장

전부 만들어진 곳에서 오랜 시간 생활해왔다. 단 한 번도 본인 스스로 만들면서 살아오지 못했다. 그래서 만들기 어려워한다. 하지만 한 번 만들기가 어렵지 한 번 만들게 되면 두 번째는 첫 번째보다 쉽다. 그래서 생산자는 계속 생산자로 남는다. 또 다른 것을 끊임없이 만들기 때문이다.

생산자는 대체되지 않는다. 지금 당장 열심히 사는 위치를 바꿔야 한다. 소비자에서 생산자로서의 삶을 새롭게 세팅해보자.

2011년, 우연히 시골 의사 박경철 씨의 강의를 동영상으로 들은 적이 있다. 통찰력을 가진 인간의 중요성에 관한 이야기였다. 그는 사람을 3가지로 분류될 수 있다고 했다.

첫 번째, 0.1%의 세상을 바꾸는 천재

두 번째, 0.9%의 통찰력 있는 사람

세 번째, 99%의 잉여 인간

언제나 0.1% 사람이 세상을 바꾸고 이를 알아본 0.9%의 통찰력 있는 인간이 존재했으며 그렇지 않은 99% 사람이 있다고 했다. 이를 방직기의 탄생부터 자동차, 핸드폰, 반도체 개발 등으로 설명했다. 세상은 그렇게 바뀌어왔다. 처음 발명한 제품을 사람들은 의구심을 가지고 바라본다. 하지만 몇몇 통찰력 있는 사람들은 대박이라고 말하며 투자한다. 그리고 실제 제품을 사용하는 사람이 점차 많아지고 대다수가 사용할 때쯤 사람들은 "아, 세상 참 좋아졌다"라며 말하는 것이다.

2011년 봤던 그 영상은 너무나 와 닿는 바가 컸다. 그 당시 그 영상은 충격적이었다. 나는 99%의 잉여 인간에 포함되고 있다는 사실을 깨달았기 때문이다. 그러고는 생각했다.
'어떻게 하면 0.9%의 사람이 될 수 있을까? 과연 될 수 있기는 할까?'

천재는 타고나야 한다. 천재와 영재는 다르다. 영재는 후천적일 수 있다. 하지만 천재는 타고나는 것이다. 천재로 태어나지 않는 이상 천재가 될 수 없다. 하지만 통찰력 있는 인간은 영재와 같이 노력으로 만들어질 수 있다. 자신의 노력만 뒷받침된다면 기회를 볼 수 있는 눈을 기르게 된다. 우리가 집중해야 하는 삶이다. 통찰력 있는 사람은 생산자 범주에 포함된다. 노력으로 통찰력 있는 인간이 되어야 한다.

3년 4개월 만에 10억 달성한
3가지 습관

우리는 습관의 중요성을 잘 알고 있다. 하루를 구성하는 대부분의 행동은 습관을 따른다. 어떤 습관을 지니느냐에 따라 하루를 다르게 채우게 된다. 그 하루가 인생을 만든다. 따라서 습관의 합이 인생이라고 말하는 것도 과언은 아니다.

나는 사람들이 신기하게 생각하는 나만의 행동 몇 가지가 있다. 그중 하나는 꾸준한 행동이다. 1년 전에 한 행동을 1년 후에도 그대로 하고 있다. 그것도 예전 모습과 다르지 않게 유지한다.

어떤 행동을 시작하면 며칠 지나지 않아 시들해지는 게 일반적이다. 특히 연초에 세웠던 계획은 몇 달 후 흐지부지하게 된다. 그런 의미에서 나의 꾸준한 행동을 사람들은 신기하게 생각한다. 그렇게 뛰어나진 않은 것 같은데 꾸준하게 유지하는 부분을 다르게 보는 것이다. 내가 꾸준하게 행동하는 데는 이유가 있다.

대부분의 행동은 목적을 가진다. 그래서 일반적으로 행동하는 이유를 그 목적을 달성하는 것에만 집중한다. 예를 들어 돈을 많이 벌고자 한다면 투자만 고려하는 것이다. 그럴 경우 오래가지 못한다. 보통 행동의 결과가 빛을 보려면 여러 번의 시도가 필요하다. 한 번의 시도로 성공하는 것은 어렵다. 하나의 성공에는 보이지 않는 수많은 실패가 동반된다. 따라서 그 목적만 고려한 행동만 했을 때 계속 지속하기 어렵다. 하나의 벽에 부딪히면 그 벽 앞에서 좌절하는 것이다. 목적만 고려할 때 이를 달성하지 못할 확률이 높다. 그 대신 이 목적을 달성하기 위해 다양한 행동을 같이 해야 한다. 실패의 벽을 넘어서기 위해서 추가적인 행동을 해야 하는 것이다.

예를 들어 건물을 높이 건축하기 위해 보조 기둥이 필요한 것과 마찬가지다. 고층 건축물을 탑처럼 쌓기만 한다면 충격에 무너지기 쉽다. 하지만 건축 과정에서 보조 기둥과 함께 건축한 다면 쉽게 무너지지 않는다. 이처럼 자신의 목표를 달성하기 위해 보조 기둥과 같은 추가적인 행위가 포함되어야 한다.

나는 목표를 위해 매일 3가지 추가적인 행동을 끊임없이 실현 중이다.

1. 긍정적인 마인드 유지하기
2. 목표 떠올리기
3. 운동하기

1. 긍정적 마인드 유지하기

학창 시절 공부를 할 때 기분에 따라 집중도가 달라짐을 느낀 적이 있을 것이다. 기분이 좋으면 집중도 잘되고 오래 공부할 수 있다. 반면에 기분이 좋지 않으면 집중하기 어렵고 앉아 있는 것조차 힘든 경우가 있다. 회사에서도 마찬가지다. 기분이 좋으면 업무 효율도 높아진다. 하지만 스트레스를 받으면 집에 와서 아무것도 하고 싶지 않게 된다. 이렇듯 행동을 지속하려면 기분이 중요하다. 기분은 집중력에 영향을 미친다. 그래서 긍정적 마인드가 필요하다. 의식적으로 긍정적 마인드를 유지하는 습관은 항상 기분을 좋은 상태로 만든다. 나의 경우 어떻게 긍정적 마인드를 유지하는지 그 방법을 소개해보겠다.

① 감사 일기 쓰기

나는 회사에 출근하면 감사 일기부터 쓴다. 한 줄 정도로 전날 감사했던 10가지를 간단히 쓴다. 감사 일기를 쓰는 시간은 5분 정도면 충분하므로 부담스럽지 않다. 처음에는 메모장에 직접 손으로 썼다. 하지만 직접 쓰는 것은 시간도 오래 걸리고 불편해서 꾸준하게 하기 힘들었다. 그래서 워드로 감사의 일기를 쓰고 있다. 편하기도 하고 한글 파일로 저장할 수 있다. 워드 파일에 타자를 치는 것은 직접 쓰는 것에 비해 부담감을 덜어준다.

② 아침에 눈뜨고 잠자리에 들기 전 항상 감사하기

감사한 생각을 떠올리는 것은 마음을 안정시킨다. 그리고 기분도 좋아지게 만든다. 그래서 잠들기 전과 잠에서 깬 후에 바로 감사함을 떠올리는 시간을 가진다. 그러다 보니 온몸의 긴장이 풀리고 이완되어 잠도 잘 들고 아침에 깼을 때 훨씬 더 좋은 기분으로 하루를 시작할 수 있게 되었다.

2. 목표 떠올리기

《시크릿》이란 책에 이런 얘기가 나온다. 구체적인 목표를 상상하고 그 기분을 느끼면 목표를 달성할 수 있다. 이게 바로 끌림의 법칙이다. 나는 아침 출근길에 항상 목표를 상상한다. 내가 설정한 목표를 달성한 나의 모습을 떠올리고 그 기분을 느끼려고 노력한다. 좋은 차를 타고 사람들에게 박수 받는 모습, 가족들과 요트를 타는 모습 등을 끊임없이 상상한다.

우리의 뇌는 상상과 실제를 구분하지 못한다는 연구 결과가 있다. 상상을 실제로 느낄 수 있게 하는 것이다. 이 감정은 미래 목표를 현실로 만드는 작용을 한다. 상상했던 내 모습에 맞게끔 스스로 성장하게 만든다. 또한 목표가 달성된 자신의 모습을 떠올리기 때문에 기분 역시 좋아진다.

3. 운동하기

"네가 이루고 싶은 게 있다면 체력을 먼저 길러라. 네가 종종 후반에 무너지는 이유, 데미지를 입은 후에 회복이 더딘 이유, 실수한 후 복구가 더딘 이유. 다 체력의 한계 때문이야. 체력이 약하면 빨리 편안함을 찾게 되고, 그러면 인내심이 떨어지고,

그리고 그 피로감을 견디지 못하면 승부 따위는 상관없는 지경에 이르지. 이기고 싶다면 네 고민을 충분히 견뎌줄 몸을 먼저 만들어. 정신력은 체력의 보호 없이는 구호밖에 안 돼."

몇 년 전 크게 인기를 끈 TV 드라마 '미생'에 나오는 대사다. 그만큼 운동은 인생에서 너무나 중요하다. 지구력과 연관되기 때문이다. 건강한 몸에서 건강한 생각이 나온다. 건강한 몸을 유지하기 위해 꾸준히 운동해야 한다. 운동은 스트레스를 감소시키고 자신의 목표를 꾸준히 행할 수 있게 한다. 사람은 스트레스를 받으면 아무것도 하기 싫어진다. 스트레스를 풀어야 자신의 목표에 집중할 수 있다. 그래서 사람들은 스트레스를 풀기 위해 다양한 활동에 집중한다. 술을 마신다거나, 오락을 한다거나, 영화를 본다거나 하면서 말이다.

하지만 이런 활동을 하여 스트레스를 풀면 그때마다 시간과 비용이 지출된다. 그리고 일시적인 스트레스 해소에 그친다. 체력이 뒷받침되지 않는 스트레스 해소는 금방 한계에 부딪히게 된다. 체력을 길러야 지구력 또한 상승시킬 수 있다.

내가 재테크를 꾸준히 할 수 있었던 것, 대학생 때 거의 모든 시간을 도서관에서 보낼 수 있었던 것, 척박한 환경 속에 해외 주재원 5년을 견뎌낼 수 있었던 것은 운동했기 때문이라고 확신한다. 그 확신의 근거는 운동을 시작한 22살 이후 이 모든 것을 지금까지 유지하고 있기 때문이다. 22살 전까지 무슨 행동이든 꾸준히 하지 못했다.

정말 놀라운 것은 운동하지 않고 나타난 현상이었다. 사람들은 건강한 사람을 보고 건강하기 때문에 운동할 필요가 없다고 생각한다. 건강한 사람은 운동을 계속하기 때문에 건강한 몸을 유지하고 있다는 사실을 간과한다. 29살 당시가 그랬다. 건강하니 운동의 필요성을 느끼지 못했다. 나는 그 당시 회사 직원을 대상으로 하는 토익 강사로 뽑혔었다. 3개월 동안 토익 강의를 진행해야 했는데, 수강생의 대부분이 회사 선배여서 그 부담감이 상당했다. 부장님도 참가했으니 오죽했나 싶다. 업무 적응도 쉽지 않던 신입 사원 시절 업무 외적으로 토익 강의까지 준비해야 했다. 이중 스트레스를 받은 것이다. 회사 생활과 토익 강의 준비로 개인적인 시간이 줄어들었다. 나를 위한 시간이 적어지니 운동하는 시간을 생략하기로 했다. 그렇게 스트레스를 해소

할 통로가 사라지게 되었다.

　그 후 어떻게 변했는지 아는가? 지독한 과소비 생활에 빠졌다. 물건을 구입하고 또 해도 만족스럽지 못했다. 그래서 끊임없이 소비했다. 과소비에 빠지는 사람들의 특징은 자신의 내적 결핍을 소비로 메우려고 한다는 사실을 이를 통해 알게 되었다. 스트레스를 풀지 않고 계속 누적되자 내적 결핍으로 이어졌고 이를 해소하기 위해 과소비 생활 습관을 지니게 된 것이다. 그렇게 과소비 습관을 다시 절약하는 습관으로 바꿀 수 있었던 것 또한 운동이었다. 운동하자 놀랍게도 다시 소비 습관을 개선할 수 있었다. 운동은 그렇게 나를 지켜주었다.

　내가 10억이란 자산 목표를 빠르게 달성할 수 있었던 것은 3가지 습관 덕분이었다. 이 습관과 함께하지 않았다면 도전 초기에 포기했을 것이다.

　자동차는 속도가 빠를수록 전단부의 저항은 커진다. 빠르게 자산이 증가하였다는 말은 반대로 큰 어려움도 동반되었다는 것을 의미한다. 투자는 혼자 하는 것인 것만큼 수많은 시간을 홀로 외로움과 함께해야 했고 온종일 집에 틀어박혀 많게는 하루에 7권의 책을 읽어야 했다. 대부분 사람이 가는 방향이 아닌 역방향으로 갈 때 이 길이 맞는지 수없이 질문해야 했고 투자하는 중간 신용등급 1등급에서 6등급으로 급락한 후 전 재산을 날릴 뻔한 아찔한 경험 역시 했다. 그렇게 투자하면 망한다는 주변 얘기에 흔들리지 말아야 했고 그냥 편하게 살까 하는 수많은 내적 타협의 순간을 경험했다. 왜 나는 매번 고생을 사서 하는 것인지에 관한 해답을 찾아야 했고 과연 이 노력이 좋은 결과로 이어질지 끊임없는 회의적인 시각 또한 감내해야 했다.

힘들 때마다 적당히 타협하며 포기할 수도 있었다. 하지만 이 3가지 습관을 꾸준히 유지한 덕분에 끝까지 도전할 수 있었다. 습관의 중요성을 알기에 다시 한번 놓치는 과오를 범하지 않을 것이다. 건강한 사람이 지금 건강한 것은 자신만의 습관을 유지하기 때문이라는 사실을 너무나 잘 알고 있기 때문이다.

독자들의 추천사

＊강부로

정말 존경스럽습니다. 구체적인 목표와 높은 실행력, 추진력, 꾸준한 노력까지 대단합니다. 많이 배우고 동기부여가 됩니다. 감사합니다.

＊밝음님

무엇보다 구체적인 글 내용에 감사하고 큰 도움이 되었습니다. 주저함과 게으름을 반성하면서 우선 계획부터 꼼꼼히 세워야겠네요.

＊잣나무숲

읽으면서도 믿기 어렵게 대단하시네요. 처음이라 지금은 글을 읽어도 어떻게 시작해야 할지 모르겠는데 정말 많은 책을 읽으시네요. 부채가 많은 상태로 시작했는데 저도 언젠가 이런 글을 쓸 수 있는 날이 올지 반신반의 중입니다. 감사합니다.

＊오래도록

젊으신데 정말 대단하시네요. 많이 배우고 갑니다.

＊스윗모카

10억 모으신 것보다는 마인드가 울림이 있는 매력적이신 분이네요. 첫 베이스캠프 도달을 축하드립니다.

* tomato337

후두부를 한방 크게 얻어맞은 느낌이네요. 나름 투자를 한다며 해왔지만 지나온 시간을 돌이켜보니 반성을 많이 해야겠네요. 많은 걸 생각나게 하는 글 감사합니다.

* 이랑

지나온 세월을 반성하게 하네요. 나이는 먹었는데 노후준비도 안 되어 불안을 느끼니 말입니다. 왜 재테크에 관심을 못 가졌는지 후회막심입니다. 대단하시네요. 많이 배우고 느끼고 갑니다.

* ccmm

참 대단하십니다. 돈을 떠나 열심히 하는 것에 박수를 보냅니다.

* 백합11

젊은 나이에 철저한 재테크로 꿈에 한 발짝씩 성실하게 다가가는 모습이 부럽네요.

* 고리자베스

대단하십니다. 뭔지 모를 뭉클함이 있네요. 앞으로도 쭉 발전하시길 바랍니다.

* 들들이 맘

우선 달성을 코앞에 두신 것, 목표에 더 다가가신 것에 축하를 보냅니다. 글을 읽어보니, 역시나 세상에 공짜는 없다는 말이 생각납니다. 감수하고 공부하고 도전하고 그래서 얻은 결과일 테지요. 많은 걸 배우고 느끼는 글입니다. 감사드립니다. 앞으로도 목표를 향해서 응원합니다.

* 될수있을까

진짜 제 인생을 되돌아보게 되는 시간이었습니다.

* 수지다

많은 이들에게 귀감이 되도록 아주 멋지게 글 써주셨네요. 대단하시다는 말밖에…. 저도 배우면서 울 아들에게 읽어보라 권해주었답니다.

* 신한장미

의지가 대단하십니다. 읽으면서 임에 대한 존경스러운 마음과 저에 대한 겸손한 마음이 스며드는 것 같습니다.

* durinas

많이 배우고 갑니다!
말보다 행동하는 제가 되기를 바라게 되는 글이네요!

* j0876

부럽습니다. 자신의 경험을 올려주신 것을 보는 것만으로 우린 공부가 되고 간접경험을 얻을 수도 있지요. 젊으신 분 같은데 그 노력과 추진력에 감동의 한 표를 보냅니다.

* 가랑비잎세

남의 경험 글은 인생의 선배 같은 경우이죠. 대단하십니다. 용기도 대단하고요. 돈을 벌려면 많이 돌아 다녀봐야 한다고 하는데 동감합니다. 부동산으로 부자가 되신 분들이 한결같이 하는 말이죠. 한 번 더 되새기게 되네요.

* 아시아난

젊다 못해 어린 나이에 몸으로 깨져가며 익혀낸 세월이 다 녹아있네요. 40대가 넘으면 그야말로 날아오르실 듯. 앞으로의 행보도 기대됩니다. 부디 그 귀한 경험 꼭 기록으로 남겨주시길.

* 론리 플래닛

정말 보고 배울 점이 많습니다. 3년간 1,000권. 대단합니다.
저도 열심히 읽으며 실천하도록 하겠습니다.

* 재식이

목표 달성의 공통점은 실천력이라는 것을 크게 느낍니다.